अन्धेर नगरी

(रचनाकाल : संवत् 1938)

(मूल पाठ एवं शब्दार्थ)

अन्धेर नगरी

भारतेन्दु हरिश्चन्द्र

भूमिका

देवेन्द्र राज 'अंकुर'

जीवनी एवं परिचय

डॉ. स्मिता मिश्र

वाणी प्रकाशन

प्रकाशन के उत्कृष्टतम 62 वर्ष

vaniprakashan.com

पहला संस्करण : 2006
दूसरा संस्करण : 2007
तीसरा संस्करण : 2016
चौथा संस्करण : 2020
पाँचवाँ संस्करण : 2022
छठा संस्करण : 2025

वाणी प्रकाशन
4695, 21-ए, दरियागंज, नयी दिल्ली-110 002
फ़ोन : + 91 11 23273167, 23275710
शाखाएँ
अशोक राजपथ, पटना-800 004, बिहार
कॉफ़ी हाउस कैम्पस, महात्मा गांधी मार्ग, प्रयागराज-211 001, उत्तर प्रदेश
महात्मा गांधी अन्तरराष्ट्रीय हिन्दी विश्वविद्यालय, वर्धा-442 001, महाराष्ट्र
sales@vaniprakashan.in
vaniprakashan@gmail.com

Andher Nagari
by Bhartendu Harishchandra

ISBN : 978-93-86799-77-7
Play

मूल्य : ₹ 200

सिटी प्रेस, दिल्ली-110 095 में मुद्रित

वाणी प्रकाशन का लोगो मक़बूल फ़िदा हुसैन की कूची से

'अंधेर नगरी' का रंगमंचीय अध्ययन

भारतेंदु हरिश्चंद्र ने बनारस में हिंदीभाषी और कुछ बंगालियों की संस्था नेशनल के लिए एक दिन में सन् 1881 में लिखा था और काशी के दशाश्वमेध घाट पर उसी दिन अभिनीत भी हुआ यह प्रहसन। 'अंधेर नगरी' के प्रायः प्रत्येक संस्करण में यह सूचना प्रकाशित है लेकिन शायद आज तक इसे सूचना से अधिक महत्त्व नहीं दिया गया। यों देखा जाए तो हिंदी साहित्य समीक्षा के इतिहास में इस बीस-बाईस पृष्ठ के नाटक को ही कभी गंभीरता से नहीं लिया गया, सूचना पर कौन गहराई से विचार करता? मानों इस नाटक का एक दिन में लिखा जाना ही इसके गहन अध्ययन एवं विश्लेषण न होने का कारण बनकर रह गया।

इसके विपरीत यदि हिंदी रंगमंच के पिछले एक सौ पंद्रह वर्षों के इतिहास को उठाकर देखा जाए तो 'अंधेर नगरी' सर्वाधिक खेले गए नाटक के रूप में प्रमाणित होगा—विशेष रूप से स्वतंत्रता के पचास वर्षों में तो इसके इतने प्रदर्शन हो चुके हैं कि उनका विवरण एकत्रित करना भी निहायत दुष्कर काम होगा। इससे कालांतर में इस नाटक को मिली लोकप्रियता स्वयं सिद्ध है।

बहरहाल, उपर्युक्त सूचना में ऐसा क्या है जिसके उल्लेख से इस लेख की शुरुआत की गई है? मेरे विचार में इस सूचना में दो-तीन ऐसे महत्त्वपूर्ण तथ्यों की जानकारी मिलती है, जो इस नाटक के रंगमंचीय अध्ययन में अत्यंत सहायक हैं। सबसे पहला तथ्य तो यही है कि यह नाटक विशेष रूप से एक मंडली के सदस्यों को सामने रखकर लिखा गया

है। चाहे वह मंडली अपने स्वरूप में नितांत शौकिया रही हो, लेकिन नाटककार और रंगमंडली के बीच एक अंतरंग संबंध की ओर संकेत करती है। ऐसे संबंध हमारी नाट्य परंपरा में आरंभ से ही मौजूद रहे हैं, पश्चिम में भी ग्रीक एवं शेक्सपीयर के संदर्भ में इसका उल्लेख किया जा सकता है। स्वयं भारतेंदु के समकालीन पारसी रंगमंच में यह परंपरा उपलब्ध थी। अतः एक नाटक लिखने से पहले उस मंडली के सदस्यों में क्या क्षमताएँ और संभावनाएँ हैं, इसकी जानकारी उसके पास उपस्थित है, जो निश्चित रूप से नाटक की शिल्पगत संरचना और उसकी रंगमंचीयता को प्रभावित करती है।

दूसरी महत्त्वपूर्ण जानकारी यह है कि उसी दिन इस नाटक का मंचन भी हुआ और स्वयं नाटककार उस प्रदर्शन से संबद्ध था। दरअसल, यही बात आलोचकों के गले नहीं उतरती कि क्या यह संभव है कि उसी दिन नाटक लिखा जाए और उसी दिन उसका मंचन हो जाए? लेकिन थोड़ा गंभीरतापूर्वक विचार किया जाए तो ऐसा होना कोई असंभव बात नहीं है। यहाँ तो फिर भी एक लिखित आलेख पहले से अभिनेताओं के सामने था, यदि भारतेंदु मात्र एक स्थिति अथवा कहानी का खाका उनके सामने प्रस्तुत कर देते तो क्या वे अभिनेता उस पर एक नाटक प्रस्तुत नहीं कर सकते थे? यदि यह अनहोनी या असंभव-सी बात नज़र आती है, तब तो हमें मध्यकाल से चली आ रही उन तमाम लोक नाट्य कलाओं के अस्तित्व को ही नकारना होगा और यहाँ इस बात को दुहराने की जरूरत नहीं कि भारतेंदु स्वयं उनसे भली-भाँति परिचित थे। उन लोक नाटकों के कथानकों की तरह ही 'अंधेर नगरी' की कहानी भी न जाने कब से जन-मानस में चली आ रही है और उसी के साथ यह कहावत भी–अंधेर नगरी चौपट्ट राजा, टके सेर भाजी टके सेर खाजा।

और तीसरी और शायद सबसे ज्यादा रोचक सूचना है–''नाटक का काशी के दशाश्वमेध घाट पर खेला जाना। इस दृष्टि से 'अंधेर नगरी' को हिंदी रंगमंच का पहला नुक्कड़ नाटक माना जाना चाहिए जो खुले में, पूरी तरह से अनौपचारिक वातावरण में मंचित हुआ। नाटक का खुले में मंचित होना कोई नई बात नहीं थी, क्योंकि रामलीला जैसे लोकनाटक

को खुले में मंचित करने की एक लंबी परंपरा स्वयं बनारस में ही विद्यमान थी, लेकिन वह वर्ष के कुछ विशेष दिनों में ही और व्यवस्थित रूप में पूर्व घोषित कार्यक्रम के अनुसार संपन्न की जाती थी। लेकिन 'अंधेर नगरी' के साथ ऐसा कुछ भी नहीं था, न तो नाटक के लिखे जाने की पूर्व सूचना और न ही उसके मंचन की पूर्व सूचना, ठीक आज के नुक्कड़ नाटक की तरह एक तात्कालिक घटना के रूप में एक स्थान विशेष पर प्रदर्शन। इतना ही नहीं, अपने कथ्य एवं कलेवर में भी आज के नुक्कड़ नाटक की-सी राजनीतिक ध्वनियाँ, गीत-संगीत एवं कोरस जैसे लोकप्रिय रंग-तत्त्वों का इस्तेमाल, लंबे-लंबे संवादों एवं एकालापों का अभाव और कुल मिलाकर लगभग तीस-पैंतीस मिनट की संक्षिप्त अवधि में बँधा हुआ। ये सारी चीजें मिलकर इस नाटक को आज के नुक्कड़ नाटकों से भी कहीं अधिक आगे की रचना प्रमाणित करती हैं।

उपर्युक्त पृष्ठभूमि के परिप्रेक्ष्य में इस नाटक के रंगमंचीय तत्त्वों पर खुलकर विचार किया जा सकता है, लेकिन उसके पूर्व एक बात की ओर संकेत करना अप्रासंगिक न होगा। आखिर इस नाटक की सामान्य-सी, यहाँ तक कि बच्चों की-सी लगने वाली कथा में ऐसा क्या आकर्षण है कि रंगकर्मी बार-बार इस नाटक की ओर लौटते रहते हैं? वह आकर्षण है इसके कथ्य की शाश्वतता अर्थात् एक ऐसी शासन-व्यवस्था जो भीतर तक इतनी भ्रष्ट है, जो किसी भी काल के लिए उतनी ही आधुनिक, समकालीन और सार्थक रहेगी, जितनी कि अपने समय में रही होगी। यही कारण है कि यदि उस समय इस प्रहसन को अंग्रेजी शासन-व्यवस्था के चित्रण के रूप में देखा गया, तो आज की सामाजिक एवं राजनीतिक स्थितियों में तो इसकी प्रासंगिकता और भी ज्यादा बढ़ गई है और आगे भी बढ़ती ही जाएगी। इतिहास साक्षी है कि साहित्य में वही रचनाएँ कालजयी सिद्ध हुई हैं, जिन्होंने सदैव शाश्वत एवं सार्वजनीय कथ्यों को अपना आधार बनाया। मात्र प्रदर्शन के स्तर पर ही नहीं, 'अंधेर नगरी' ने तो लेखन की दृष्टि से भी अपनी परवर्ती कई नाट्य-रचनाओं को प्रेरित और प्रभावित किया। उदाहरण के लिए, भारती का 'अंधा युग' (नाम साम्य पर भी गौर करें), ज्ञानदेव अग्निहोत्री का 'शुतुरमुर्ग़' और शरद जोशी का 'एक था

गधा उर्फ़ अलादाद ख़ाँ।'

भारतेंदु ने भारतीय–शास्त्रीय एवं लोक–और पाश्चात्य रंगतत्त्वों का ऐसा सहज, सरल एवं उन्मुक्त उपयोग किया है कि इससे नाटक के भीतर से अनेक प्रस्तुति शैलियों की खोज की जा सकती है। नाटक में छः अंक हैं, लेकिन वे अपने आकार एवं कलेवर में इतने छोटे-छोटे हैं कि उन्हें अंक की संज्ञा न देकर, दृश्य कहना ज्यादा समीचीन होगा अथवा एक ही अंक के छः दृश्यों के रूप में लिया जाना चाहिए। लेकिन छोटे-छोटे दृश्य होने के बावजूद वे हर बार एक नए परिवेश की माँग करते हैं। यथा पहला अंक–स्थान : बाह्य प्रांत। अंक द्वितीय–स्थान : बाज़ार। अंक तीन–स्थान : जंगल। अंक चतुर्थ–स्थान : राजसभा। अंक पंचम्–स्थान : अरण्य। अंक षष्टम–स्थान : श्मशान।

स्पष्ट है कि कुल मिलाकर बीस-बाईस पृष्ठों के नाटक में छः दृश्य हैं और वे भी इतने छोटे-छोटे कि कोई भी यथार्थवादी दृश्य-सज्जा कारगर नहीं हो सकती। ग्रीक अथवा शेक्सपीयर के नाटकों की भाँति अंक बिना लंबे-चौड़े मंच निर्देशों के सीधे-सीधे कार्य-व्यापार से शुरू होता है और तेजी से पटाक्षेप के साथ समाप्त भी हो जाता है। इस पटाक्षेप से एक संकेत तो मिलता है कि शायद पारसी रंगमंच में प्रयुक्त रंगे हुए परदों की परिकल्पना भारतेंदु के मन में भी रही होगी, जो उस समय विक्टोरियन रंगमंच में भी इस्तेमाल हो रहे थे। थोड़ा और गहराई से देखें तो यह परदों वाली युक्ति व्यर्थ लगने लगती है। सभी दृश्य अपने में इतने घटना-बहुल एवं जीवंत हैं कि रंगे हुए परदों जैसी स्थिर दृश्य-परिकल्पना कहीं-न-कहीं पूरे नाटकीय प्रभाव को क्षीण ही करेगी। नाटक की दृश्य-योजना में एक और नाटकीय संयोजन बड़ी कुशलता से पिरोया गया है–नाटक का एक दृश्य यदि मात्र तीन-चार पात्रों के बीच घटित होता है तो तुरंत अगला दृश्य एक बड़े जनसमूह में परिवर्तित हो जाता है और यह प्रक्रिया पहले दृश्य से छठे दृश्य तक नियमित रूप से चलती है। यह दृश्य-विधान अप्रत्यक्ष रूप से पारसी नाटकों के उस रूप-विधान की याद दिलाता है, जहाँ एक दृश्य बाहरी होता है और दूसरा भीतरी। यहाँ बेशक सभी दृश्य बाहरी परिवेश में संयोजित हैं, मात्र राजसभा वाले दृश्य को छोड़कर, लेकिन वे इस अर्थ

में भीतरी और बाहरी कहे जा सकते हैं, जैसे कि कम पात्रों वाले दृश्य भीतरी अथवा सीमित फ़लक लिए हुए और भीड़ वाले दृश्य परिवेशगत विस्तार की अपेक्षा रखते हैं।

अतः स्वाभाविक रंग-परिकल्पना ऐसी हो सकती है कि मंच पर स्थायी दृश्य-सज्जा के रूप में कुछ भी न रहे, आवश्यकता हो तो एक-आध दृश्य-खंड लाकर रख दिए जाएँ और हटा दिए जाएँ अथवा पूरे नाटक के दौरान मंच दृश्य-सज्जा की दृष्टि से बिल्कुल ख़ाली रहे, सिर्फ़ कभी-कभी मंच-उपकरण लाए जाएँ, जैसे कि राजा के सिंहासन के लिए अथवा फ़ाँसी के तख़्ते के रूप में कोई उपकरण। इस प्रकार की दृश्य-सज्जा के स्रोत हमें संस्कृत नाटकों की शास्त्रीय रंग-परंपरा में तो मिलते ही हैं, उसकी पुष्टि ग्रीक व शेक्सपीरियन रंगमंच और अंततः हमारी अपनी लोक नाट्य परंपराओं से भी हो जाती है।

नाटक किसी काल-विशेष की सीमाओं से भी परे है, अतः वेशभूषा, रूप-सज्जा, केश-विन्यास आदि तत्त्वों को लेकर भी नाटक एक उन्मुक्तता एवं स्वतंत्रता की माँग करता है। लेकिन सबसे बड़ी चुनौती है इस नाटक के लिए एक उचित एवं सार्थक अभिनय शैली की खोज। क्या इसे एक प्रहसन मानकर आवश्यकता से अधिक अतिरंजित और काफ़ी हद तक बनावटी शैली को अपना लिया जाए? क्या नाटक की तात्कालिकता एवं समसामयिकता के चलते यथार्थवादी अभिनय का आश्रय लिया जाए? क्या किसी प्रदेश विशेष की रीतिबद्ध शैली पर आधारित अभिनय एवं गतिविधान की ओर बढ़ा जाए?

मुझे नहीं लगता कि हम किसी एक शैली से काम चला सकते हैं। इसमें कोई संदेह नहीं कि नाटक के पाँच-छः गीत, जगह-जगह पर सुभाषित की तरह दोहों का प्रयोग संस्कृत नाटकों की गद्य-पद्य वाली नाट्यधर्मी प्रस्तुति-शैली की याद दिलाता है लेकिन यहाँ पद्य का इस्तेमाल पूरी तरह से उस जटिल आंगिक अभिनय की तरफ़ बढ़ने के लिए प्रेरित नहीं करता, क्योंकि उन गीतों में न तो कोई अमूर्त भाव या बिंब ही दृष्टिगोचर होते हैं और न ही वे किसी प्रकार के चित्राभिनय की अपेक्षा रखते हैं। वस्तुतः नाटक का कथ्य एक लोकधर्मी प्रस्तुति-शैली की माँग करता है, लेकिन

प्रश्न यह उठता है कि यह लोकधर्मी शैली कैसी हो? सबसे पहले तो उस लोकधर्मिता अर्थात् रोज़मर्रा की ज़िंदगी की तस्वीर का अध्ययन किया जाए। महंत और उसके दो चेले—नारायणदास और गोबरधनदास, कबाबवाला, घासीराम चने वाला, नारंगीवाली, हलवाई, कुँजड़िन, मुग़ल, पाचकवाला, मछलीवाली, जातवाला (ब्राह्मण), बनिया, सेवक, राजा, मंत्री, फ़रियादी, कल्लू, कारीगर, चूनेवाला, भिश्ती, कसाई, गड़रिया, कोतवाल, प्यादे, सिपाही—देश और समाज के इतने व्यवसायों और रंगों का प्रतिनिधित्व और किस नाटक में मिलेगा? यों कहने को यह एक लघु नाटक है, लेकिन यदि प्रत्येक भूमिका के लिए अलग-अलग अभिनेता लिए जाएँ तो कम-से-कम तीस-पैंतीस लोगों की ज़रूरत पड़ेगी। इससे यह अनुमान सहज ही लगाया जा सकता है कि जब-जब मंच पर बाजार, राजसभा और श्मशान के दृश्य आते हैं तो कितनी तरह के रंग, कितनी तरह की वेशभूषाएँ, कितनी तरह की बोलियाँ और भाषाएँ, कितनी तरह की चाल-ढाल—ये सब कुछ आपस में ही एक ऐसी विविधता भरी शैली प्रस्तुत कर देते हैं कि नाटक में अलग से किसी शैली के आरोपण की तरफ़ ध्यान जा ही नहीं सकता। संपूर्ण भारतीय नाट्य साहित्य में जीवन की इस बहुरंगी झाँकी की दृष्टि से या तो शूद्रक के 'मृच्छकटिक' की याद आती है या फिर आज के नाटक हबीब तनवीर के 'आगरा बाज़ार' को रेखांकित किया जा सकता है। कैसा संयोग है कि तीनों नाटक नाट्यधर्मी की अपेक्षा लोकधर्मी प्रस्तुति शैली पर ही ज्यादा आश्रित हैं।

अतः आवश्यकता इस बात की है कि नाटक की सहज, सरल एवं लचीली संरचना के अनुरूप ही प्रस्तुति-शैली भी होनी चाहिए। यही कारण है कि आज तक इस नाटक की जितनी भी प्रस्तुतियों को देखने का अवसर मिला है, उनमें प्रायः पहले से बनी-बनाई अथवा किसी निश्चित शैली को न अपनाकर स्वयं से प्रस्तुति के दौरान विकसित अभिनय एवं प्रस्तुति शैली को रूपायित करने का प्रयत्न किया गया। यहाँ उन सब प्रस्तुतियों पर चर्चा करना तो संभव नहीं होगा, फिर भी सुविधा के लिए तीन प्रस्तुतियों की चर्चा एवं विवेचन अपेक्षित है, जो अपने प्रस्तुतीकरण में तो एक दूसरे से बिलकुल अलग थी हीं, इनसे इस बात के भी कुछ ठोस संकेत मिल

सकेंगे कि अंततः किसी निर्देशक की अपनी मौलिक परिकल्पनाएँ एक सीधे-सादे से कथानक में कितनी गहराई, जटिलता एवं समसामयिकता खोजकर दर्शकों को चमत्कृत एवं अभिभूत कर देती हैं।

पहली प्रस्तुति है स्वतंत्रता के इक्कीस वर्ष बाद 1968 में हिंदी रंगमंच शतवार्षिकी के अवसर पर प्रयाग रंगमंच, इलाहाबाद द्वारा डॉ. सत्यव्रत सिन्हा के निर्देशन में मंचित। इससे पूर्व भी एक बार डॉ. सिन्हा 'अंधेर नगरी' को 1965 में प्रस्तुत कर चुके थे, जिसमें उन्होंने इस नाटक को नए संदर्भों में स्थापित करने की चेष्टा की थी। वेशभूषा प्रायः आधुनिक ही थी, राजसभा के दृश्य में अभियुक्तों के लिए मुखौटों का प्रयोग किया गया, बाजार वाले दृश्य को भी आधुनिक बनाने का प्रयत्न किया गया। राजा की चाल-ढाल शैलीबद्ध थी, सब्ज़ीवाली स्लैक्स में आई तो भी फ़रियादी और कुछ दूसरे पात्र परंपरागत ही रहे। इस प्रकार कुछ आधुनिक तत्त्वों एवं युक्तियों के प्रयोग के बावजूद प्रस्तुति की शैली परंपरागत ही रही।

लेकिन जब 1968 में निर्देशक ने इस नाटक को दुबारा मंचित किया तो पूरी प्रस्तुति का मिज़ाज ही बदल गया। यह वह समय था जब पड़ोसी देशों के साथ क्रमशः 1962 और 1965 में दो-दो युद्ध झेलने के बाद भारतीय जनमानस का पूरी तरह से मोहभंग हो चुका था। स्वतंत्रता के पश्चात् उसके मन में नई दुनिया को लेकर जो भी आशाएँ, आकांक्षाएँ और सपने थे, वे टूटकर बिखर चुके थे और तात्कालिक वर्तमान की अर्थहीनता, जीवन का बेडौलपन और खोखलापन—प्रायः सब कुछ उजागर होने लगा था। अतः निर्देशक ने भी प्रस्तुति के माध्यम से नई पीढ़ी की बदलती हुई हरकत को रेखांकित करने की चेष्टा की। बाबा अर्थात् आज के शुभ्र-वेशधारी विदेशों से नाता लगाए धनसंपन्न योगी, चेले नारायणदास-गोबरधनदास यानी हमारी वह नई पीढ़ी, जिस पर हिप्पी-बीटनिक संस्कृति अनायास हावी हो रही है, राजा अर्थात् सत्ता के लिए या सत्ता पर बने रहने के लिए जितनी भी सिद्धांतहीनता बरती जा सकती है—उनका प्रतिनिधि। मंत्री मानों उन सब विदेशी ताक़तों का प्रतिनिधि जिनके इशारे पर सत्ता नाचती रहती है। फ़रियादी वह साधारणजन जो सदियों से न्याय माँग रहा है, लेकिन उसे आज तक न्याय नहीं मिला। कल्लू बनिया, कारीगर, चूनेवाला, भिश्ती,

कसाई, गड़रिया और कोतवाल—अपने-अपने स्वार्थों में लिप्त लोगों का जमघट, जिन्हें राजा और उनके शासन की कोई चिंता नहीं क्योंकि वे जब चाहें तब राजा को गद्दी से उतार दें। इस प्रकार सन् 1881 में लिखा नाटक निर्देशक के लिए एकदम से समसामयिक हो गया।

इसी आधुनिकता एवं समसामयिकता को प्रस्तुति की शैली में भी पिरोने की कोशिश की गई—नाटक के शीर्षक गीत 'अंधेर नगरी चौपट्ट राजा, टके सेर भाजी, टके सेर खाजा' को आधुनिक स्वर में गाकर टेपबद्ध कर लिया गया, जिससे पूरे नाटक में एक लयबद्धता आ गई। बाजार-दृश्य के सभी पात्रों और नारायणदास-गोबरधनदास को पाश्चात्य नृत्य-शैली ट्विस्ट और शेक के माध्यम से गतिचर्या दी गई और उसी के अनुसार संवादों की अदायगी कराई गई। नाटक में स्थान-स्थान पर अचानक पात्रों का स्थिर हो जाना, दर्शकों के सामने ही पात्रों द्वारा नाचते-गाते मंच-सामग्री में परिवर्तन करवाना, फ़ाँसी-दृश्य में ऐसी भूखी-नंगी जनता की अवधारणा करना जो फ़ाँसी स्वीकार किए राजा को फ़ाँसी से न उतरने दे। मंच की परिकल्पना बहुआयामी थी और नाटक की शुरुआत दर्शकों के मध्य जुलूस निकालकर मंच पर पहुँचने से की गई। कुल मिलाकर 1881 की भाषा और परिवेश पर 1968 का तत्कालीन वर्तमान सफलता के साथ आरोपित हुआ और इस प्रकार वर्तमान की समस्त कुंठा, वहशीपन, नक़लची प्रवृत्ति और काल से उत्पन्न खोखलापन आदि पर इस प्रहसन की ऐसी प्रस्तुति के माध्यम से किसी सीमा तक अवश्य ठोकर लगी।

संक्षेप में, डॉ. सत्यव्रत सिन्हा की यह मंच-प्रस्तुति इसलिए बेहद चर्चित, उत्तेजक एवं विवादास्पद साबित हुई, क्योंकि निर्देशक ने एक सीधे सपाट नाटक को अपने समकालीन संदर्भों से विचार के स्तर पर तो जोड़ा ही, उसकी प्रस्तुति शैली के लिए भी नितांत आधुनिक और किसी हद तक पाश्चात्य शैली से लिए गए तत्त्वों का उपयोग किया और उनका ऐसा सम्मिश्रण किया कि वे कहीं भी अलग से नहीं दीख पड़ते थे। आज से लगभग तीस वर्ष पहले एक भारतीय नाटक को संपूर्ण रूप में पाश्चात्य रंग एवं अभिनय शैली के भीतर से प्रस्तुत करना निश्चय ही साहस का काम था और दर्शकों ने प्रस्तुति को खुले मन से स्वीकार किया और सराहा।

यह प्रस्तुति की सफलता मानी जाएगी।

'अंधेर नगरी' की दूसरी प्रस्तुति संयोग से स्वतंत्रता के बाद के पहले बहुत ही महत्त्वपूर्ण और ऐतिहासिक दौर में होती है। इमर्जेंसी का 1975 में लगाया जाना और 1977 में हटाया जाना। चुनावों की घोषणा और पहली बार अखिल भारतीय कांग्रेस की करारी हार और उसके स्थान पर जनता पार्टी का शासन, लेकिन मात्र डेढ़ वर्षों के भीतर ही भारतीय राजनीति के इस दूसरे दौर का असली और विकृत चेहरा उजागर हो गया अर्थात् पार्टी बदल जाने से राजनीतिज्ञों के चरित्र में कोई मूलभूत अंतर नहीं आ गया और एक बार फिर से वही अक्षम, भ्रष्ट और धूर्त शासन-व्यवस्था। इन्हीं स्थितियों की पृष्ठभूमि में ब.व. कारंत ने 1978 के उत्तरार्द्ध में इस नाटक की एक बिल्कुल ताज़ी, उत्तेजक एवं आकर्षक मंच-प्रस्तुति करके दर्शकों पर एक अलग ही तरह का असर पैदा किया।

कारंत की प्रस्तुति राष्ट्रीय नाट्य विद्यालय के प्रांगण में खुले आसमान के नीचे एक भव्य और विशाल अभिनय क्षेत्र को आधार बनाकर की गई। मंच के नाम पर एक बड़ा सा गोलाकार धरातल और उसके पीछे की दीवार पर कपड़े के बदले सफ़ेद परदे पर बनारस शहर को रेखाओं गें उकेरता एक चित्र—दृश्यबंध के नाम पर बस इतना ही। इसके अतिरिक्त चारों ओर फैला खुला परिवेश भी मानो अभिनय क्षेत्र का ही एक हिस्सा था। प्रस्तुति में लगभग 40 अभिनेता थे, जो नाटक के आरंभ में बहुत दूर से राम-राम भजो गाते हुए मंच पर प्रवेश करते थे और फिर नाटक के अंत तक एक घेरा बनाकर वहीं बैठे रहते थे। इसी घेरे के भीतर अलग-अलग दृश्यों के समूहन बनते-बिगड़ते रहते थे।

पूरी प्रस्तुति की परिकल्पना किसी भी जानी पहचानी लोक नाट्य शैली पर आधारित नहीं थी, फिर भी गीत, संगीत, गतियों, मुद्राओं और रंगों के माध्यम से अपनी ही एक नई एवं निजी शैली तैयार होती हुई जान पड़ी। एक उत्सवधर्मी और अनुष्ठानपरक वातावरण के निर्माण के भीतर से फ़रियादी की असहनीय पीड़ा और व्यवस्था के नितांत संवेदनाहीन चरित्र को उभारने का प्रयत्न किया गया।

संपूर्ण नाटक को एक विशेष प्रकार की संगीतमयता के माध्यम से

प्रस्तुत किया गया, जिसमें एक ही गीत का बार-बार दोहराया जाना, उसी के साथ चरित्रों की गतियाँ एवं चर्चाएँ, कम-से-कम मंच-उपकरणों का इस्तेमाल और प्रत्येक पात्र के साथ गले में लटका या कमर में बँधा एक जोड़ा मंजीरा, पात्रों की वेशभूषा में कहीं तो परंपरागत धोतियाँ, पटके और पगड़ियाँ और कहीं राजा, मंत्री, कोतवाल और उनसे जुड़े लोगों के सिरों पर लबी कार्टूननुमा टोपियाँ, नाटक में विभिन्न भाषाओं और बोलियों की ध्वनियाँ—इन सबने मिलकर एक मेले का-सा दृश्य उपस्थित कर दिया।

कुछ नाटकीय युक्तियाँ तो अपनी मौलिकता में अद्‌भुत थीं—उदाहरण के लिए गोबरधनदास के मोटापे को दिखाने के लिए दो अभिनेताओं का एक ही ड्रेस में बंद होकर हरकतें करना, स्त्री फ़रियादी का बीच-बीच में 'मेरी बकरी' जैसे एक संगीत-याचना के रूप में हस्तक्षेप और बाजारवाले दृश्य में अंधेर नगरी चौपट्ट राजा के बार-बार दोहराव के साथ गोबरधनदास का नृत्य।

लेकिन इन सारे नाटकीय एवं रंगमंचीय तत्त्वों की तुलना में जिस चीज ने सबसे ज्यादा ध्यान आकर्षित किया, वह थी नाटक के अंत की मौलिक व्याख्या—राजा के फ़ाँसी चढ़ जाने के बाद महंत का ही राजा के रूप में सिंहासनारूढ़ होना और दोनों चेलों का उसके दरबारियों के रूप में स्थानांतरण। महंत का शराब के लिए पुकार लगाना और जैसे फिर से उसी क्रम की एक और शुरुआत—व्यवस्था कोई भी आ जाए उसका मूल चरित्र कभी नहीं बदलता और वह अंततः उसी भ्रष्ट तंत्र में परिवर्तित हो जाती है। इतिहास में फ्रांसीसी क्रांति का उदाहरण हमारे सामने है, कुल जमा सत्तर वर्षों में नष्ट-भ्रष्ट हो चुकी रूसी क्रांति हमारे सामने है और नाटक की प्रस्तुति के लगभग एक वर्ष बाद ही दूसरी आजादी के रूप में प्रचारित नई शासन-व्यवस्था का अंत—इन सबके संदर्भ में प्रस्तुति के अंत की यह व्याख्या कितनी सटीक बैठती है।

दोनों प्रस्तुतियों के अभिनय पक्ष पर भी अलग से टिप्पणी अपेक्षित है। जहाँ डॉ. सिन्हा की प्रस्तुति में पाश्चात्य शैली से प्रेरणास्वरूप निर्मित शैली में अभिनेता को व्यक्तिगत स्तर पर भी प्रमुखता मिली और गोबरधनदास और राजा की भूमिका में अभिनेताओं को अपने पूरे व्यक्तित्व की छाप

स्थापित करने का अवसर मिला, वहाँ कारंत की प्रस्तुति में अभिनेता व्यक्तिगत रूप में अलग से उभरकर नहीं आए। इसका कारण प्रस्तुति में उत्सवधर्मी शैली का अपनाया जाना है। जिस तरह एक उत्सव में एक पूरे जनसमूह की भागीदारी होती है, उसी तरह से इस प्रस्तुति में भी सभी अभिनेता लगातार मंच पर बैठे हुए थे और उन्हीं के बीच से आवश्यकतानुसार दृश्यों का निर्माण होता चलता था। एकाध दृश्य में अपवादस्वरूप भले ही किसी अभिनेता ने अलग से ध्यान आकर्षित कर लिया हो लेकिन सही मानों में प्रस्तुति का संपूर्ण प्रभाव उनके सामूहिक समन्वय एवं संयोजन के कारण ही पड़ा। दूसरे शब्दों में कहूँ तो यह प्रस्तुति अभिनय की अपेक्षा शब्दों, उनकी अलग-अलग ध्वनियों, अलग-अलग व्याख्याओं एवं अलग-अलग संगीत के कारण ज्यादा चर्चित हुई थी।

अंत में, भारतेंदु नाट्य अकादेमी, लखनऊ के छात्रों के साथ 1978 के अंतिम सप्ताह में मंचित और स्वयं निर्देशित प्रस्तुति की चर्चा करना चाहूँगा। इस पर एक बार 1979 में दिल्ली विश्वविद्यालय के मिरांडा हाउस में आयोजित सेमिनार में भी चर्चा हुई थी। प्रस्तुति को नाट्यशास्त्र में निर्दिष्ट नाट्य-मंडप पर परिकल्पित किया था—मंच का विधान तो विकृष्ट नाट्य मंडप का था ही, अभिनेताओं की गतियाँ, प्रवेश-प्रस्थान आदि भी उन्हीं शास्त्रीय नाट्य-रूढ़ियों से प्रेरित थे। यद्यपि आंगिक अभिनय में किसी जटिल मुद्रा पिधान का आश्रय नहीं लिया गया था, फिर भी संपूर्ण प्रस्तुति को मूकाभिनय पर ही केंद्रित किया गया था अर्थात् कोई भी मंच उपकरण या किसी दूसरी सामग्री को इस्तेमाल में नहीं लाया गया था।

वेशभूषा को महज़ तीन रंगों में सीमित करके एक विशेष अर्थ को व्यंजित करने की कोशिश की गई थी—महंत और उसके दोनों चेलों के लिए गहरा केसरिया, राजा के लिए गहरा हरा और बाकी सभी पात्रों के लिए भूरा-मटमैला, जो एक प्रकार से सामान्य जनता के भी प्रतिनिधि थे। प्रस्तुति का सशक्त पक्ष था उसका वाचिक—मेरे लिए महंत और चेलों की कहानी से भी ज्यादा जनसमूह में व्याप्त असंतोष एवं आक्रोश की अभिव्यक्ति महत्त्वपूर्ण थी। इसीलिए बाजार के दृश्य में सभी को अपनी चीजें टके सेर विवशता में बेचनी पड़ रही हैं, राजसभा के दृश्य में सभी लोग जानबूझकर

एक मूर्ख किंतु निरंकुश राजा के साथ खेल खेलते चले जाते हैं और जब अंत में उस व्यवस्था का अंत हो जाता है तो खूब खुश होकर नाचते-गाते हैं। मात्र दस अभिनेताओं की मंडली से एक बड़े जनसमूह का आभास ज्यादा-से-ज्यादा वाचिक अभिनय के अलग-अलग रूपों के प्रयोग से संभव हो गया।

अंत में, निष्कर्षतः कहा जा सकता है कि भले ही साहित्यिक, आलोचनात्मक एवं एक पाठ्य कृति के रूप में 'अंधेर नगरी' को हाशिए पर रख दिया गया था, लेकिन मंच पर अपने लगातार प्रयोगों के कारण उसने स्वतः ही अपने-आपको भारतीय रंगमंच के एक ऐसे सदाबहार नाटक के रूप में प्रतिष्ठित करा लिया है जिसे बच्चों के साथ खेला जाए अथवा वयस्क अभिनेताओं के साथ—दर्शक उसके व्यंग्य की धार से अछूते नहीं रह पाते और उसका कथ्य सदैव ताज़ा बना रहेगा क्योंकि वह काल और स्थान विशेष की सीमाओं से परे है।

—देवेन्द्र राज अंकुर

भारतेंदु हरिश्चन्द्र

जीवनी

भारतेंदु का जन्म 9 सितंबर 1850 को हुआ था। अल्पायु में ही माता-पिता का साथ छूट गया था। माता जन्म के कुछ समय पश्चात् ही और पिता 9 वर्ष की आयु में ही इन्हें छोड़ स्वर्ग सिधार गए। बचपन से ही इनकी विद्वत्ता और बुद्धि चातुर्य देख लोग आश्चर्यचकित हो जाते थे। इन्हें बाल्यावस्था से ही कविता में रुचि थी। 'होनहार बिरबान के होत चीकने पात' इस लोकोक्ति के अनुसार भारतेंदु ने पाँच-छह वर्ष की अवस्था ही में अपनी चमत्कारिणी बुद्धि से अपने कविचूड़ामणि पिता को चमत्कृत कर दिया था। पिता बलिराम-कथामृत की रचना कर रहे थे तो बालक भारतेंदु खेलते-खेलते आ बैठे, बोले हम भी कविता बनाएँगे। पिता ने बड़े प्रेम से आज्ञा देते हुए कहा कि 'तुम्हें अवश्य ऐसा करना चाहिए।' उसी समय उन्होंने निम्नलिखित दोहा बनाया।

लै ब्योड़ा ठाढ़े भये श्री अनिरुद्ध सुजान।
बाणासुर की सेन को हनन लगे बलवान।।

इसी प्रकार एक दिन पिता गोपालचंद्र द्वारा रचित 'कच्छप कथामृत' के एक सोरठे की व्याख्या उन्हीं की सभा में हो रही थी ! भारतेंदु उसी समय वहीं आ बैठे और सबकी बातों को सुनते हुए अंत में एकाएक बोल उठे कि 'बाबूजी हम अर्थ बतलाते हैं। आप वा (उस) भगवान

का जस वर्णन करना चाहते हैं जिसको आपने कछुक छुआ है अर्थात् जान लिया है।' इस नई उक्ति को सुनकर इनके पिता तथा सभासद गण चमत्कृत हो उठे।

इनकी शिक्षा बाल्यावस्था ही से आरंभ हो गयी थी और पं. ईश्वरीदत्त ही शुरू में इन्हें पढ़ाते थे। मौलवी ताज अली से कुछ उर्दू पढ़ी थी और अंग्रेजी की आरंभिक शिक्षा इन्हें पं. नंदकिशोर जी से मिली थी। कुछ दिन इन्होंने ठठेरी बाजार वाले महाजनी स्कूल में तथा कुछ दिन राजा शिवप्रसाद जी से शिक्षा प्राप्त की थी। पिता की मृत्यु के बाद इन्हें क्वींस कालेज में भर्ती किया गया। किंतु वहाँ शिक्षा पूरी न कर सके। सन् 1863 में इनका विवाह मन्नोदेवी से हुआ। इन्हें तमिल, तेलगु छोड़ कर सभी भारतीय भाषाओं का ज्ञान था।

उनके जीवन का बहुमूल्य समय सदा लिखने-पढ़ने में जाता था। उनके पास हमेशा कलम, कागज रहता था। 16 वर्ष की अवस्था में कविवचन सुधा पत्र निकाला। 20 वर्ष की आयु में भारतेंदु आनरेरी मजिस्ट्रेट नियुक्त हुए इसके पूर्व 17 वर्ष की आयु में चौखम्भा स्कूल स्थापित किया। लोगों के संस्कार सुधारने तथा हिंदी की उन्नति के लिए हिंदी डिबेटिंग क्लब, अनाथरक्षिणी तदीय समाज, काव्य समाज आदि सभाएँ संस्थापित कीं। भारतेंदु को अभिनय में अत्यंत रुचि थी। वे स्वयं भी अभिनय करते थे और दूसरों को भी प्रोत्साहित करते थे। सन् 1868 और 1884 के अल्प काल में उनके अधिकांश नाटकों का अभिनय काशी-नरेश की सभा के बाहर भी कानपुर, प्रयाग, बलिया, आगरा, डुमराव, आदि स्थानों पर होने लगा। भारतेंदु की प्रेरणा से अनेक समकालीन नाटककार रंगमंच की माँग पर मंचोपयोगी और जनहितकारी नाटक लिखकर हिंदी के नए रंग-आंदोलन का प्रवर्तन कर रहे थे। इस आंदोलन के प्रति उनकी निष्ठा इतनी गहरी थी कि वे अक्सर स्वांग धारण करके प्रदर्शन करते थे। उन्होंने 'पेनी रीडिंग क्लब' स्थापित किया। उनके संरक्षण में बनारस के कुछ बंगालियों और हिंदुस्तानियों ने दशाश्वमेध

घाट के पास 'हिंदू नेशनल थियेटर' नाम की रंग-संस्था आरंभ की थी जिसके लिए उन्होंने 'अंधेर नगरी' प्रहसन एक ही दिन में लिख डाला था।

भारतेंदु जी सेठ अमीचंद की पाँचवीं पीढ़ी में पैदा हुए थे जिसने अपनी संपत्ति और बुद्धि का प्रयोग बंगाल में अंग्रेजों का पैर जमाने के लिए किया था। उसने देशद्रोह के पैसे से अपनी तिजोरियाँ भरीं किंतु क्लाइव जैसे धूर्त ने अंत में उन्हें निराश ही किया। फिर भी अंग्रेज भारतेंदु के परिवार पर भरोसा करते थे।

भारतेंदु की विषम स्थिति थी, पारिवारिक स्तर पर वे 'क्राउन' के विश्वास पात्र थे। भारतेंदु परम वैष्णव थे और परम वैष्णव कभी विश्वासघाती नहीं हो सकते। पर वे देख रहे थे कि अंग्रेज देश के साथ विश्वासघात कर रहे हैं यह स्थिति उनके लिए अत्यंत पीड़ादायक थी। राजभक्ति और देश भक्ति में जूझते रहे। एक ही छंद में पहली पंक्ति में वे 'क्राउन' के वफादार दिखाई पड़ते हैं तो दूसरी पंक्ति में देश की आर्थिक स्थिति उन्हें सताती है।

अंग्रेज राज सुख साज, सबै विधि भारी।
पै धन विदेश चलि जात, यही अति ख्वारी।।

चाँदी के पालने में झूलने वाले भारतेंदु का बचपन सामंती वातावरण में ही फूला-फला था। कहा जाता है कि उनके विवाह में कुएँ में चीनी घोलकर बारात का स्वागत किया गया था। बारात तीन मील लंबी थी। किंतु ऐसी सम्पन्नता और सामंती परिवेश उनकी राष्ट्रीय चेतना के विकास में आड़े नहीं आया। आम आदमी से संपर्क की लालसा और पर्यटन की रुचि उनकी बचपन से रही। इन यात्रानुभवों को उनके यात्रावृत्तान्त में देखा जा सकता है।

भारतेंदु ने सामंती परिवेश की रीतिकलीन कविता को अपनाते हुए भी जो महत कार्य किया वह उन्होंने साहित्य के लोक जीवन से जोड़ दिया था। वह साहित्य जो अभी तक दरबारों की ही शोभा होता

था उसे वह लोक की खुरदुरी जमीन पर ले आए थे। भारतेंदु और उनके सहयोगियों ने लोकसाहित्य की रचना आरंभ की। जीवन से अधिक जुड़े होने के कारण लोक समस्याओं की धारदार अभिव्यक्ति स्वाभाविक है। उन्होंने लोक संदर्भों को राष्ट्रीय संदर्भों से जोड़ा। काव्य भाषा के स्तर पर भी भारतेंदु ने ब्रजभाषा को अपनाते हुए भी खड़ी बोली में नई चाल की रचनाएँ लिखीं। वस्तुतः भाषा के मामले में भारतेंदु की अवधारणा बहुत स्पष्ट थी। वे निजभाषा के हिमायती थे। उनका नारा था–

निज भाषा उन्नति अहै, सब उन्नति को मूल।
बिन निज भाषा ज्ञान के मिटत न हिय को सूल।।

उनकी निज भाषा केवल हिंदी नहीं थी। वह बंगालियों के लिए बंगला, मराठियों के लिए मराठी, पंजाबियों के लिए पंजाबी थी।

सभी भाषा की उन्नति चाहते हुए भी वे उर्दू के कुछ विरोधी थे। इसके दो मुख्य कारण थे एक तो भाषाई संदर्भ में उनके परम विरोधी शिवप्रसाद 'सितारे हिंद' का उर्दू के प्रति लगाव दूसरे उर्दू भाषी लोगों की साम्प्रदायिकता भी उन्हें उर्दू से दूर ले गई। हालाँकि वे स्वयं उर्दू में 'रसा' उपनाम से कविताएँ लिखते थे किंतु उर्दू के प्रति व्यक्तिगत लगाव के बावजूद वे उसकी मौत पर स्यापा पढ़ते हैं–

है है उर्दू हाय-हाय ! कहाँ सिधारी हाय-हाय।।
मेरी प्यारी हाय-हाय। मुंशी मुल्ला हाय-हाय।।
वल्ला विल्ला हाय-हाय रोये पीर हाय-हाय।।

इतना होने पर भी वे हिंदू-मुस्लिम का रिश्ता 'दुयोरानी जेठानी' का ही मानते थे। वे अंग्रेजों की दोनों के बीच फूट डालने की चाल को समझते थे। वे अंत तक जातीय एकता के लिए प्रयत्नशील रहे। सन् 1884 में लंबी बीमारी के पश्चात् उनका निधन हो गया। मात्र 34 वर्ष की अल्पायु में ही युग प्रवर्तक चले गए।

हिंदी नाटक का प्रारंभ

हिंदी नाटक का आरंभ होता है भारतेंदु काल से। यद्यपि इधर के शोध इस बात का प्रयास करने में लगे हैं कि हिंदी नाटक का संबंध हिंदी की बोलियों के नाटकों से जोड़कर उसके इतिहास को अत्यंत प्राचीन सिद्ध किया जाए। इस प्रयास के पीछे जितना आत्मगौरव का भाव छिपा हुआ है उतना वैज्ञानिक विश्लेषण का प्रयत्न नहीं। यद्यपि प्राणचंद्र चौहान कृत 'रामायण महानाटक' (1610 ई.), लछीराम कृत 'करुणाभरण' (1657 ई.), वाजकृत 'शकुंतला' (1680 ई.), महाराज विश्वनाथ कृत 'आनंद रघुनंदन' (1700 ई. लगभग), रघुराय नागर कृत 'सभासार' (1700 ई.), उदय कृत 'रामकरुणाकर' एवं 'हनुमन्नाटक' (1840 ई.) आदि कृतियाँ भी भारतेंदु से पहले विद्यमान थीं जिन्हें नाटक के नाम से अभिहित किया गया किंतु तात्विक दृष्टि से वे नाटक हैं नहीं। वे संवाद शैली में रचित पद्यात्मक प्रबंध काव्य के ही रूप हैं। वास्तव में जिसे हम हिंदी नाटक कहते हैं वह खड़ी बोली का नाटक है जो बोलियों के नाटकों से अपनी प्रकृति उद्देश्य और गठन में भिन्न है। हम यहाँ किसी वाद-विवाद में पड़े बिना यह स्वीकार करके चलते हैं कि हिंदी नाटक का तात्पर्य है खड़ी बोली में लिखा गया नाटक जो आधुनिक काल की देन है और वह नाटक आधुनिकता के परिवेश में सर्जित होने के कारण अपनी कुछ नवीन विशेषताएँ रखता है। इसलिए वह अपनी प्राचीन भारतीय परंपरा के नाटकों से जुड़ा होकर भी निरंतर बदल रहा है और बहुत कुछ पश्चिमी नाटकों से भी प्रभावित हो रहा है।

आधुनिक काल के साहित्य के प्रवर्त्तक भारतेंदु हैं। उन्होंने साहित्य की सभी विधाओं को नवीन रूप देने का प्रयास किया किंतु नाटक में उनकी विशेष अभिरुचि थी। उन्होंने बंगला और संस्कृत के नाटकों के अनुवाद तो किए ही, बहुत से मौलिक नाटक भी लिखे। इतना ही नहीं उन्होंने नाटक पर एक समीक्षात्मक पुस्तक भी लिखी। भारतेंदु के नाटकों को समझने के लिए उनकी समूची साहित्य रुचि दृष्टि तथा नाटक

के संबंध में व्यक्त उनके विचारों को परखना चाहिए। भारतेंदु पुनरुत्थान काल के साहित्यकार थे। अतीत-गौरव की स्मृति और वर्तमान यथार्थ की तीखी अनुभूति का संगम पुनरुत्थानवाद की विशेषता है। भारतेंदु ने सर्वत्र परंपरा और नवीनता का सुंदर समन्वय करने का प्रयत्न किया। इसलिए उन्होंने एक ओर तो अतीत गौरव को, अतीत की साहित्य परंपरा को सम्मान की दृष्टि से देखा, दूसरी ओर अपने युग के यथार्थ को और उसे अभिव्यक्ति देने वाले नवीन साहित्य सर्जक की अनिवार्यता को पहचाना। और सच पूछिए तो इन्होंने प्राचीन गौरव और वैभव को अपने युगीन देश और समाज के संदर्भ में ही देखा। इसलिए यहाँ वर्तमान की दृष्टि अतीतोन्मुख नहीं है बल्कि अतीत की दृष्टि वर्तमानोन्मुख है। कहने का अभिप्राय यह है कि भारतेंदु ने अपने साहित्य के माध्यम से अपने देश और समाज के पराधीन गिरे हुए, अभावग्रस्त, समस्याओं से घिरे हुए रूढ़िबद्ध और विघटित स्वरूप को उभारकर उसे पुनः उन्नत करना चाहा। इस प्रकार इस काल का यथार्थ समाज और देश से जुड़ा हुआ है तथा उपयोगिता और नैतिकता की ओर उन्मुख है। भारतेंदु ने साहित्य को समकालीन यथार्थ का नया कथ्य दिया और यह पहचाना कि जनरुचि बदल गई है। वह केवल परंपरागत साहित्य रूपों से संतुष्ट नहीं हो सकती, वह अपने युग यथार्थ के अनुरूप नया रूप धारण कर रही है।

इस पृष्ठभूमि पर भारतेंदु और उनके समकालीनों के नाटकों को देखा जा सकता है। भारतेंदु की मौलिक नाट्य कृतियाँ हैं—'वैदिकी हिंसा हिंसा न भवति', 'सत्य हरिश्चंद्र' (इसकी मौलिकता विवादग्रस्त है), 'प्रेम योगिनी' (अधूरा), 'विषस्य विषमौषधम्' (अधूरा), 'चंद्रावली', 'भारत दुर्दशा', 'भारत जननी', 'नीलदेवी', 'अंधेर नगरी' और 'सती प्रताप' (अधूरा)। 'वैदिकी हिंसा हिंसा न भवति' (सन् 1873) एक प्रहसन है इसमें पाखंडी वैदिक धर्मानुयायियों की विसंगतियों का पर्दाफाश किया गया है। मांसाहारी पुरोहितों और शैवों-वैष्णवों के पाखंड का बहुत जीवन्त चित्र अंकित किया गया है। अधूरे नाटक 'प्रेमयोगिनी' (1875) में काशी

को केंद्र बनाकर समाज के विविध पक्षों के दोषों का जीवंत भाषा में अंकन किया गया है। 'सत्य हरिश्चंद्र' (1875) भारतेंदु का बहुत प्रसिद्ध नाटक है। इसकी कथावस्तु पौराणिक है किंतु इसमें हमारे समाज को प्रेरित कर सकने की क्षमता है, गिरे हुए समाज को सत्यनिष्ठा, आत्मत्याग और स्वामिभक्ति के मूल्यों से दीप्त कर उन्नत बनाने की शक्ति है। इस नैतिकता को उभारने के लिए लेखक ने प्रचार या उपदेश से काम नहीं लिया है, बल्कि उसे कथा-विन्यास, प्रसंगों और चरित्रों के भीतर से सहज भाव से उभरने दिया है। इस नाटक में हमारी भावुकता को रमाने वाले अनेक मानवीय प्रसंग, अनेक मार्मिक स्थितियों का अंकन है।

'विषस्य विषमौषधम्' (1876) भाण है। कहा जाता है कि सन् 1875 में जब अंग्रेजी सरकार ने महाराज गायकवाड को उनके कुप्रबंध के कारण पदच्युत कर दिया तब भारतेंदु ने अपना हर्ष व्यक्त करने के लिए यह नाटक लिखा। इसमें विविध भाषाओं के मुहावरों का प्रयोग किया गया है। 'चंद्रावली' (1876) एक नाटिका है। इसमें 4 अंक तथा 1 विष्कंभक है। इसके माध्यम से भारतेंदु ने अपने भक्त हृदय का प्रेम व्यक्त किया है। कवि का हृदय चंद्रावली के समान ही लौकिक सीमाओं का तिरस्कार करता हुआ कृष्ण के पास तक पहुँचने के लिए आतुर है। इस प्रेमातुरता की अनेक तन्मय अवस्थाओं को लेखक ने बहुत कुशलता से व्यक्त किया है। चंद्रावली कृष्ण के वियोग में व्याकुल है। व्याकुलता प्राणान्तक बन जाने वाली है तब कृष्ण योगिनी के वेश में आते हैं और चंद्रावली की परीक्षा लेते हैं। जब देखते हैं कि चंद्रावली उनके बिना नहीं जी सकती तब हृदय से लगा लेते हैं। इस नाटक में रूप गोस्वामी के विदग्ध माधव और चाचा वृंदावन दास की 'योगिनी छद्म लीला' के प्रभावों का समन्वित रूप दिखाई पड़ता है। 'चंद्रावली' भारतेंदु के श्रेष्ठ नाटकों में से है। डॉ. दशरथ ओझा के शब्दों में—"भारतेंदु ने यह नाटिका रासलीला की शैली को लक्ष्य करके लिखी है...भारतेंदु जी किसी नाटक परंपरा का बहिष्कार एवं संहार नहीं चाहते वरन् उसके

परिष्कार और उद्धार के लिए प्रयत्नशील थे। चंद्रावली के द्वारा रासलीला नाटकों में एक नवीन विधान का संयोग कराना चाहते थे।''

'भारत दुर्दशा' (1880) में भारतीय जीवन की पराधीनताजन्य गरीबी, निराशा, अनैतिकता, दुर्भाग्य आदि का यथार्थ चित्रण हुआ है। यह अर्ध प्रतीकात्मक नाटक है अर्थात् कुछ पात्र मानवीय हैं, कुछ मानवेतर जिनका मानवीकरण किया गया है। भारतीय जीवन के तत्कालीन यथार्थ के अनेक भावात्मक पक्षों (दुर्दैव, रोग, आलस, अंधकार, निर्लज्जता, भाग्य, डिस लॉयल्टी आदि) को मानवीय रूप दिया गया है। इस नाटक का अंत निराशा में होता है अर्थात् भारत भाग्य आत्महत्या कर लेता है। भारत अभी भी जीवित है उसे अभी भी चारों ओर से घेरने की घोषणा भारत दुर्दैव की ओर से होती है। रोग, आलस्य, मदिरा और सत्यानाश और फौजदार (भारत दुर्दैव की सेनाएँ) भारत को घेरने के लिए आते हैं। इस घेराव में भारत का भाग्य तो मरता है। किंतु भारत जीवित है मानो अनंत काल तक संघर्ष करने के लिए। इसलिए भारत भाग्य के आत्महत्या करने के बाद भी नाटक शास्त्रीय अर्थ में दुःखान्त नहीं होता लेकिन दुःखान्त से भी अधिक पीड़ा, अवसाद और बेचैनी की निष्पत्ति होती है जीवित भारत के घिरे जीवन से।

'अंधेर नगरी' एक प्रहसन है। भारत में अंग्रेजी शासन की व्यवस्था और न्याय संबंधी अनेक विसंगतियों को बहुत व्यंग्यात्मक ढंग से उद्‌घाटित किया गया है। यह नाटक सामान्य जनता के लिए है। यह उसी की भाषा में, उसी के लटके में लिखा गया है। किंतु इसमें बहुत ही मार्मिक व्यंग्य संकेत हैं। चूरन बेचने वालों के लटके में व्यक्त पंक्तियाँ देखिए–

चूरन साहिब लोग जो खाता
सारा हिंद हजम कर जाता।
चूरन पुलिस वाले खाते
सब कानून हजम कर जाते।

यह प्रहसन मनोरंजन के माध्यम से सामान्य जनता में राष्ट्रीय भावना का प्रचार करता है। अन्यायी मूर्ख राजा किसी के अपराध का दंड किसी को देता है। अंत में उसी को टिकठी पर चढ़ना पड़ता है।

'नीलदेवी' (1881) में मुस्लिम राज्य काल की एक कथा ली है। अमीर अब्दुश्शरीफ खां पंजाब के राजा सूर्यदेव को छल से बंदी बना लेता है और धर्म परिवर्तन के लिए उन पर जोर डालता है। किंतु राजा अमीर पर थूक देता है तथा पिंजड़े में से निकलकर अमीर के सैनिकों को मारता हुआ मर जाता है। राजा की रानी नीलदेवी नर्तकी बनकर अमीर के दरबार में आती है और अमीर को छल से मारकर पति के साथ चिता पर भस्म होने में उल्लसित हो उठती है। इस नाटक के द्वारा भारतेंदु भारतीय नारियों को जगाना चाहते थे। वे चाहते थे कि भारतीय नारियाँ नीलदेवी के समान ही सर्वगुणसम्पन्न, स्वाभिमानी तथा आत्मरक्षा में सक्षम हों तथा बदली हुई परिस्थितियों में उत्तम साध्य के लिए कुटिल मार्ग भी अपनाएँ। इस नाटक में राष्ट्रप्रेम ओतप्रोत है।

इन मौलिक नाटकों के अतिरिक्त भारतेंदु ने संस्कृत, बंगला और अंग्रेजी नाटकों का भी हिंदी में अनुवाद किया जैसे विद्यासुंदर (बंगला), धनंजय विजय, कर्पूर मंजरी, मुद्राराक्षस (संस्कृत) दुर्लभ बंधु (अंग्रेजी)।

रूपक–काव्य शास्त्र में ऐंद्रिय माध्यम के द्वारा काव्य के दो भेद किए गए हैं–दृश्य और श्रव्य। रूपक का संबंध दृश्यकाव्य से है। रूपक शब्द का प्रयोग काव्य के उपरूप के लिए किया जाता है, जिसका आनंद चाक्षुऐंद्रिय के सन्निकर्ष से प्राप्त किया जाए अर्थात् रंगमंच पर जिसे देखा जाए उसे रूपक कहते हैं। इसमें प्रदर्शक या नट वर्णित चरित्रों के रूप को अपने में आरोपित कर प्रदर्शित करता है। रूपक का अभिप्राय रूप के आरोप से है।

अत्यंत प्राचीन समय से रूपक का प्रयोग नाट्य के अर्थ में होता रहा है। भरतमुनि ने 'दशरूप' का प्रयोग नाट्य की दस विधाओं के लिए किया है। भरत ने रूपक के दस भेदों का वर्णन किया है जिसे

परवर्ती नाट्यशास्त्रियों ने भी मान्यता दी है। वे हैं—नाटक, प्रकरण, भाण, व्यायोग, समवकार, डिम, ईहामृग, अंक, वीथी तथा प्रहसन।

1. **नाटक**—ऐतिहासिक या पौराणिक वृत्त से युक्त पाँच से दस तक अंक, पंचसंधियों का विधान, धीरोदात्त नायक, शृंगार या वीर रस का प्राधान्य तथा कैशिकी या सात्त्वती वृत्ति का समावेश।

2. **प्रकरण**—नायक धीरप्रशांत, पाँच से दस तक अंक, नायिका वेश्या, कथावस्तु कल्पित, शृंगार रस की प्रधानता, कैशिकी वृत्ति एवं पंचसंधियों से युक्त।

3. **भाण**—कथानक कल्पित तथा धूर्त्त चरित से संबद्ध नायक कलाविद तथा एक अंक का विधान, वीर एवं शृंगार रस और एक पात्र की उक्ति-प्रत्युक्ति।

4. **डिम**—चार अंकों का विधान, चार संधियों (विमर्श का अभाव) से युक्त इतिवृत्त, पौराणिक कथा, नायक धीरोद्धत, शृंगार तथा हास्य के अतिरिक्त छह रस, सात्त्वती एवं आरभटी वृत्तियाँ। एक अंक, पुरुष पात्रों का बाहुल्य।

5. **व्यायोग**—कथानक पौराणिक, केवल तीन संधियाँ (गर्भ और विमर्श रहित), नायक धीरोद्धत, सात्त्वती एवं आरभटी वृत्तियाँ। एक अंक, पुरुष पात्रों का बाहुल्य।

6. **समवकार**—पौराणिक कथानक जिसमें देव तथा दैत्यों की कथा, चार संधियाँ (विमर्श से रहित) तीन अंक, नायकों की संख्या बारह, जो धीरोदात्त एवं धीरोद्धत हो, वीर रस तथा सात्त्वती और आरभटी वृत्ति।

7. **वीथी**—कल्पित कथानक, नायक शृंगारी, एक अंक, कैशिकी वृत्ति तथा शृंगार रस।

8. **अंक**—एक अंक, पौराणिक कथानक, प्राकृत पुरुष नायक। सात्त्वती वृत्ति एवं करुण रस का प्राधान्य।

9. **ईहामृग**—कथानक मिश्रित, तीन संधियाँ, गर्भ तथा विमर्श का अभाव, चार अंकों का विधान, धीरोद्धत नायक तथा शृंगार रस।

10. प्रहसन–एक ही अंक, कथानक कल्पित, हास्यरस का प्राधान्य एवं धूर्त्त, कामुक, पाखंडी आदि पात्रों का समावेश।

प्रस्तुत नाट्य कृति अंधेर नगरी एक प्रहसन है। जैसा कि उद्धृत किया जा चुका है कि प्रहसन रूपक के दस भेदों में से एक है। यहाँ विस्तार से प्रहसन का स्वरूपगत उल्लेख समीचीन होगा। प्रहसन हास्योत्पादक उक्तियों से युक्त रूपक का एक भेद है। इसमें हास्य का प्रदर्शन कर कवि मूर्खों एवं स्त्रियों को आकृष्ट करता है या नाटक के प्रति उनके मन में अभिरुचि उत्पन्न करता है। इसमें आरभटी वृत्ति, विष्कंभक तथा प्रवेशक का प्रयोग नहीं होता। प्रहसन के द्वारा पाखंडी आदि के चरित को जानकर मनुष्य उनसे विमुख हो जाते हैं और पुनः उनके निकट नहीं आते। इसका इतिवृत्त कविकल्पित होता है।

पात्रों के चारित्रिक वैशिष्ट्य के आधार पर प्रहसन के दो प्रकार किए गए हैं–शुद्ध तथा संकीर्ण। शुद्ध प्रहसन में नायक के रूप में भागवत, तापस, पाखंडी, संन्यासी, तपस्वी या पुरोहित का प्रदर्शन होता है और इनके संलाप परिहासात्मक उक्तियों से आपूर्ण होते हैं। इसमें चेट, विट, चेटी आदि निम्न स्तर के पात्र भी रहते हैं। शुद्ध प्रहसन में मिथ्याचारी नायक सुसंस्कृत भाषा का प्रयोग कर धार्मिक कार्यों को सूक्ष्म विस्तार के साथ संपन्न करते हुए प्रदर्शित किया जाता है। केवल एक व्यक्ति के चरित्र का हास्यास्पद प्रदर्शन करने के कारण इसके 'प्रहसन' नाम की सार्थकता सिद्ध होती है। संकीर्ण प्रहसन में धार्मिक तथा दंभी व्यक्तियों को वेश्याओं से संबद्ध दिखाकर न केवल मिथ्याचारी नायिका को अपितु उसके सहायकों को भी हास्यास्पद बना दिया जाता है। इसमें अनेकानेक चरित्रों का मिश्रण रहता है और स्वैरिणी, दास, वेश्या, धूर्त्त, पाखंडी, विप्र, भट प्रभृति पात्र विकृत वेश धारण कर विकृत भाषा का प्रयोग करते हुए प्रदर्शित किए जाते हैं। अभिनवगुप्त के मतानुसार शुद्ध प्रहसन एकांकी होता है और धार्मिक मिथ्याचारी वेश्या आदि के बाहुल्य के कारण संकीर्ण प्रहसन में अनेक अंक होते हैं। संकीर्ण प्रहसन का

नायक धूर्त्त होता है और उसमें परिहास का वैशिष्ट्य दिखाया जाता है। इसमें प्रपंच, छल, अधिबल (स्पर्धायुक्त बात), नालिका (अव्यक्तार्थ परिहास-वचन), असत्प्रलाप (व्यर्थ की बातें), व्याहार (हँसी उड़ाना) तथा मुदव (गुण को अवगुण तथा अवगुण को गुण के रूप में दिखाना), वीथ्यंगों का व्यवहाराधिक्य होता है। इसमें हास्य रस की प्रधानता रहती है; अतः लास्यांग का अल्प प्रयोग होता है। शृंगार रस का नियोजन न होने से इसमें कैशिकी वृत्ति नहीं रहती, केवल भारती वृत्ति व्यवहृत होती है। भाण की तरह इसमें केवल मुख तथा निर्वहण संधियाँ प्रयुक्त होती हैं। प्रहसन का एक अन्य भेद विकृत भी है, जिसमें नपुंसक कंचुकी तथा तपस्वी कामुकों का वेश धारण कर उन्हीं के सदृश बातें करते प्रदर्शित किए जाते हैं।

भारतेंदु की नाट्य कला

भारतेंदु हिंदी नाट्यकला को सर्वथा एक नए रूप में ढालने वाले अग्रणी नाटककार थे। उनका संपूर्ण रंगबोध समकालीन सामाजिक-राजनैतिक यथार्थ से अभिप्रेरित है। उन्होंने रंगमंच और नाटक को महान् सामाजिक अनुष्ठान के रूप में लिया। वे एक ओर भारतीय संस्कृति के प्रति भी सम्मान्य दृष्टि रखते थे तो दूसरी ओर समसामयिक समस्याओं के प्रति भी सजग थे। उन्होंने पश्चिमी या पूर्वी नाट्यकला का अंधानुकरण नहीं किया। इसीलिए उनके नाटकों (खास तौर पर अंधेर नगरी) को नाटक के प्रचलित मापदंड के आधार पर नहीं परखा जा सकता है। अपनी 'नाटक' नामक पुस्तक में उन्होंने लिखा—''अब नाटक में कहीं 'आशी' प्रभृति नाट्यालंकार, कहीं 'प्रकरी', कहीं 'विलोभन', कहीं 'संफेट', पंचसंधि व ऐसे ही अन्य विषयों की कोई आवश्यकता नहीं रही। संस्कृत नाटक की भाँति हिंदी नाटक में इनका अनुसंधान करने वा किसी नाटकांग में इनको यत्नपूर्वक रखकर हिंदी नाटक लिखना व्यर्थ है, क्योंकि प्राचीन लक्षण रखकर आधुनिक नाटकादि की शोभा संपादन करने से उल्टा

फल होता है और यत्न व्यर्थ हो जाता है। संस्कृत नाटकादि रचना के निमित्त महामुनि भरत जी जो सब नियम लिख गए हैं, उनमें जो हिंदी नाटक-रचना के नितान्त उपयोगी हैं और इस काल के सहृदय सामाजिक लोगों की रुचि के अनुयायी हैं वे ही नियम यहाँ प्रकाशित होते हैं।''

भारतेंदु ने संस्कृत नाट्य-शास्त्र, लोकनाट्यों तथा योरोपीय नाटक से भिन्न-भिन्न तत्त्वों को ग्रहण किया तथा उनका समन्वय कर हिंदी नाटक को एक नई चाल में ढाला। उनकी नाट्य कला की इस समन्वयात्मक विशेषता की ओर इंगित करते हुए आचार्य रामचंद्र शुक्ल ने लिखा है–''नाटकों की रचना शैली में उन्होंने मध्यम मार्ग का अवलंबन किया। न तो बंगला-नाटकों की तरह प्राचीन भारतीय शैली को एक वाणी में छोड़कर वे अंग्रेजी नाटकों की नकल पर चले और न प्राचीन नाट्यशास्त्र की जटिलता में अपने आपको फँसाया।'' (हिंदी साहित्य का इतिहास)

भारतेंदु को परंपरा से आदर्श रंगमंच नहीं प्राप्त हुआ था। रंगमंच के नाम पर जो कुछ भी विरासत मिली थी वह अपर्याप्त और किसी हद तक अविश्वसनीय और असाहित्यिक थी। भारतेंदु नाटक को केवल मनोरंजन की दृष्टि से ही नहीं देखते थे अपितु उसे जनसंस्कार एवं सामाजिक पुनरुत्थान का सशक्त माध्यम भी मानते थे। नाटक को भाँति-भाँति के दर्शकगण एक साथ देखते हैं अतः उसके द्वारा मनोरंजन के साथ-साथ जनता को शिक्षा दी जा सकती है। भारतेंदु का मत है कि ''सचमुच नाटक के प्रचार से इस भूमि का बहुत भला हो सकता है।...दिल्लगी से इन लोगों को जैसी शिक्षा दी जा सकती है वैसी और तरह से नहीं।'' इस प्रकार भारतेंदु ने हिंदी नाटक में मनोरंजन के साथ-साथ प्रयोजन तत्त्व का भी समावेश किया।

भारतेंदु अपनी प्राचीन नाट्य शास्त्रीय परंपरा से बहुत प्रभावित थे। किंतु फिर भी भरत के नाट्यशास्त्र को पूरी तरह नहीं स्वीकार किया। उन्होंने माना कि भरत के नाट्यशास्त्र में बहुत कुछ आज के रंगमंच

और नाट्य विधान के संदर्भ में ग्राह्य नहीं है फिर भी बहुत कुछ ऐसा भी है जो आज के लिए प्रेरणास्पद हो सकता है। भारतीय नाट्यकला के अनुसार नाटक के तीन मूल तत्त्व हैं—वस्तु, नेता और रस। **कथावस्तु** से तात्पर्य है उसका वह स्वरूप जो नाटककार ने गढ़ा है, न कि कोई घटना या आख्यान। यह वस्तु दो प्रकार की होती है—आधिकारिक और प्रासंगिक। नाटक के प्रधान फल का जो स्वामी होता है उसे 'अधिकारी' कहते हैं और वही नायक कहलाता है। आधिकारिक कथा की साधिका इतिवृत्ति 'प्रासंगिक' कहलाती है। कथावस्तु के व्यापारों को करने अथवा सहने वाले मनुष्य होते हैं जिनके कार्यों और संवादों से सभी बातें दर्शक को स्पष्ट होती हैं। इसीलिए नाटककार इन व्यापारों का **अभिनय** तथा पात्रों के **कथोपकथन** द्वारा बहुत कुशलता से संगठित करता है जिससे कुल घटनाक्रम पाठकों विशेषतः दर्शकों को स्पष्ट हो जाता है। ये कथोपकथन पात्रों के **चरित्र** के अनुकूल ही होना चाहिए। नाटककार को घटना के देशकाल के अनुसार पात्रों का चरित्र गुंफित करना पड़ता है। नाटक का कुछ **'उद्देश्य'** भी होना चाहिए जिसका कथावस्तु के साथ-साथ विकास होना चाहिए। नाटककार की निजता वैशिष्ट्य **'भाषा शैली'** में स्पष्ट होती है। चूँकि नाटक दृश्यकाव्य है इसलिए वह **'रंगमंच'** के अनुकूल भी होना चाहिए।

इसी प्रकार पाश्चात्य नाट्यकला में कथावस्तु के कर्मानुसार पाँच अवस्थाएँ मानी गई हैं। पहली अवस्था—'प्रारंभ', दूसरी 'विकास', तीसरी 'चरम सीमा' या क्लाइमेक्स, चौथी 'उतार' और पाँचवीं अवस्था 'अंत' है। यहाँ केवल यही कहना अभीष्ट है कि विविधता की दृष्टि से प्रहसन, भाव, नाटक-नाटिका, नाट्यरासक, अंक, वीथी, व्यायोग, सट्टक आदि प्राचीन नाट्य रूपों को लेकर भी उन्होंने न तो इनके ढाँचे को पूरी तरह स्वीकार किया है न इनकी अंतर्वस्तु के बंधनों को, न इनकी वर्जनाओं को और न इनकी संपूर्ण रंग उक्तियों को। उनका सूत्रधार मंच पर आता है, तो एक नया सूत्रधार लगता है; वह एक ऐसा रंगरेज है जो

नाट्य-रूढ़ियों के परे जाकर केंद्रीय विचार वस्तु या समस्या को सही परिप्रेक्ष्य में स्थापित करता है। ताकि दर्शक लोग नाटकीय मनोरंजन ही में गुम न होकर नाटक के बाहर भी रहें और विषय को गंभीरता से पकड़ सकें। कभी वह नाटककार की आलोचना करता करवाता है और यहाँ तक कहलवा देता है कि भारतेंदु नौसिखिए को नाटक लिखना कहाँ आता है; कभी वह कहता है कि संस्कृत नाटकों के बासी अनुवाद के स्थान पर एक नया नाटक लेकर आया है जिसका आज मंच पर 'प्रयोग' करने जा रहा है और कभी वह बहुत तीखेपन से दर्शकों की युग चेतना को भी कुरेदता है। बातों-बातों में ही वह यह भी बता देता है कि अमुक अभिनेता अमुक पात्र की भूमिका में उतर रहा है और शेष पात्रों का "अभिनय करने वाले कलाकारों की तैयारी को भी उसे देखना है।"

चूँकि नाटक के द्वारा एक सुरुचिपूर्ण राष्ट्रीय सांस्कृतिक चेतना का नवोन्मेष करना भारतेंदु को अभीष्ट था। इसलिए समकालीन पारसी अथवा व्यावसायिक रंगमंच की परंपरा का उन्होंने विरोध किया। उसके विरोध में ही उन्होंने अव्यावसायिक रंगमंच की परंपरा चलाई। भारतेंदु को संस्कृत नाटकों की किताबी प्रस्तुति के साथ-साथ पारसी रंगमंच के छिछले मनोरंजन इन दोनों मोर्चों पर लड़ना था। पारसी रंगमंच 'राजा गोपी चंदर' से शुरू हुआ और बहुत जल्दी ही उसकी धूम मच गई। पारसी नाटक यूरोप की नाटकीय तकनीकों और भारतीय लोक-नाटकों, स्वांगों, जुलूस, झाँकियों की खिचड़ी था। शोख रंगों में चित्रित एक बड़ा परदा मंच के पीछे टँगा होता था। यह परदा समस्त पृष्ठभूमि का काम देता था। तड़क-भड़क, सीन-सीनरी, तामझाम तथा प्रेक्षकों की सस्ती रुचि को पुष्ट करना, निखालिस मनोरंजन करना, यही इन नाटकों का काम था। पैसा कमाना यही एकमात्र उद्देश्य पारसी रंगमंच के सामने था। एक बार भारतेंदु किसी पारसी कंपनी का शकुंतला नाटक देखने गए थे, जो कालिदास की अमर कृति शकुंतला के आधार पर लिखा

गया था। डॉक्टर थीबो भी थियेटर हाल में उपस्थित थे। परंतु जब उन्होंने देखा कि नायिका शकुंतला एक हाथ कमर के नीचे और दूसरा सिर पर रखे हुए नीच जाति की गँवारू औरतों की तरह नाचती हुई गा रही है 'पतली कमर बल खाय' तब वे डायरेक्टरों को कोसते हुए बाहर चले आए। और कहने लगे कि यह लोग कालिदास के गले पर छुरी फेर रहे हैं।

भारतेंदु इस पारसी रंगमंच को भ्रष्ट कहते थे। लेकिन इस चिढ़ के बावजूद भारतेंदु ने 'आर्य शिष्ट जन' को स्तरीय रंगमंच पर खींचने के लिए पारसी थियेटर की प्रस्तुति शैली के कुछ लोकप्रिय तत्त्वों को परिष्कृत रूप में अपने साहित्यिक नाटकों में समन्वित किया। पारसी रंगमंच द्वारा अभिनेता को आत्यंतिक महत्त्व दिए जाने को उन्होंने बरकरार रखा। लेकिन उसके 'उच्चरित कार्य-व्यापार' को निरर्थक तुक बंदी और कृत्रिमता से मुक्त किया, साथ ही अन्य पात्रों से विचलन की मनमानी छूट नहीं दी। पारसी रंगमंच के मंच पर विद्यमान पेटीमास्टर को नेपथ्य में ले गए। हाँ गीत गजल को स्वीकार किया लेकिन पात्रों के संस्कारों से हट कर नहीं, बल्कि गीत गजल के गायन की पारसी तर्ज में विषयानुकूल विचारों को इस प्रकार निबद्ध किया कि प्रस्तुति में रोचकता, ताजगी एवं वातावरण की गंभीरता बनी रहे।

भारतेंदु ने अपने युग के दर्शक की आवश्यकता तथा उसके जीवन की संघर्षात्मक परिस्थितियों को समान रूप से दृष्टि पथ में रखकर नाटक का सृजन किया है। इसलिए उनके नाटकों में हास्य, विनोद तथा व्यंग्य की प्रसंगानुकूल अवतारणा की गई है। इसमें भारतीय रसाभिव्यक्ति को तो स्थान मिला ही है साथ ही योरोपीय नाट्यकला से संघर्ष तत्त्व को भी ग्रहण किया गया है। चरित्र चित्रण में योरोपीय नाटक के अनुकरण पर व्यक्ति-वैचित्र्य की पद्धति भी यदाकदा अपनाई गई है। किंतु इन दोनों तत्त्वों को भारतेंदु ने वहीं तक ग्रहण किया है जहाँ तक उनसे रस भंग नहीं होता है। पाश्चात्य नाट्यकला में स्वीकृत दृश्य परिवर्तन

की पद्धति को भी भारतेंदु ने ग्राह्य तत्त्व माना है। उन्होंने लिखा है कि आजकल योरोप के नाटकों की छाया पर प्राचीन की अपेक्षा नवीन की परम मुख्यता बारंबार दृश्यों के बदलने में है। इसी हेतु एक-एक अंक में अनेक-अनेक गर्भांकों की कल्पना की जाती है क्योंकि इस समय के नाटकों के खेलों के साथ विविध दृश्यों का दिखलाना भी आवश्यक समझा गया है।

नए रंग-संकेतों का आश्रय लिया था; अंक-विभाजन, दृश्य-परिवर्तन और यवनिका के प्रयोग को नए रंग विधान में ढाला था, नाटकीय संघर्ष को पहचाना था, रंगकर्म के तत्त्वों को आत्मसात किया था और भारतीय लय में कोरस की संयोजना को अपनाया था।

नाटकों के प्रदर्शन की दृष्टि से भारतेंदु प्रकाश-व्यवस्था एवं गति संचार के सार्थक रंग संकेत देते हैं। ये रंग-संकेत प्रायः कोष्ठकों में या अन्य संवादेतर स्थलों पर समायोजित होने के कारण नाट्य रचना के बाह्य धर्म का आभास देते हैं लेकिन सच तो यह है कि रंगसंकेत वस्तुतः नाटक के आंतरिक धर्म से जुड़ा है। नाटककार इनके माध्यम से वह सब कुछ कहता है जो संवाद के माध्यम से नहीं कह पाता। भारतेंदु के नाटकों में अभिनय, पात्र समूहन, वेशभूषा के विषय में भी रंग संकेत उपलब्ध होते हैं। ये रंग संकेत अधिकतर अंक या दृश्य के प्रारंभ मध्य या अंत में आए हैं। या फिर पाद-टिप्पणी के रूप में प्रयुक्त हुए हैं। फिर भी यह देखा जा सकता है कि इन रंग-संकेतों में अभिनय संबंधी रंग-संकेत सर्वाधिक है। पात्रों के मंच प्रवेश और बहिर्गमन का भी संकेत करते हैं। रंग-संकेतों का निर्देश देते समय उन्होंने पात्रों की सामाजिक स्थिति, मानसिक संरचना, सामूहिक क्रिया-प्रतिक्रिया, दर्शकोन्मुखता आदि का विशेष ध्यान रखा है। वाणी के आरोह-अवरोह की गहरी पहचान भी भारतेंदु ने की। मंचीय प्रकाश व्यवस्था संबंधी संकेत केवल 'भारत दुर्दशा' में एक स्थान पर मिलता है।

समाहार रूप में हम कह सकते हैं कि भारतेंदु ने संस्कृत नाटक,

योरोपीय नाटक और लोक नाटक की रीतियों से अपेक्षित तत्त्वों को ग्रहण करते हुए उन्हें समन्वित कर अपनी नाट्यकला को एक नया रूप दिया। वे अपने समय के दर्शक की शिक्षा एवं मनोरंजन विषयक आवश्यकता को सतत ध्यान में रखकर ही नाट्य-सृजन करते थे, अतः उनके नाट्य-विधान में अभिनयपरक रोचकता और प्रभविष्णुता प्राप्त होती है। उनके नाटक दर्शकों का संस्कार करने में समर्थ होने के कारण मूल्य-दृष्टि से महत्त्वपूर्ण प्रतीत होते हैं। भारतेंदु के नाट्य-लेखन का इष्ट समाज में पुनर्जागरण की भावना पैदा करना, जातीय प्रेम की भावना से दर्शक या पाठक के हृदय को दीप्त करना, दया, करुणा, त्याग, बलिदान, लोकोपकार आदि श्रेष्ठ मानवीय मूल्यों को प्रतिष्ठित करना है। इन मूल्यों की स्थापना के साथ ही रस की अव्याहत धारा भी नाटकों में मिलती है। हास्य, विनोद एवं व्यंग्य का पुट देकर अपने नाटकों को वे सतत प्रभविष्णु बनाते हैं। उनकी चरित्र-सृष्टि अधिकतर नायक-खलनायक की कोटियों में बँटी हुई होती हैं। पर कहीं-कहीं व्यक्ति-वैचित्र्य-चित्रण के रूप भी उभरते हैं। वे कथावस्तु को सरल और सीधे रूप में विकसित करते हैं। नाटक को अनावश्यक रूप से जटिल बनाने वाले संस्कृत नाट्यशास्त्र के पूर्वरंग नान्दी, आशी, नाट्यालंकार, विष्कंभक आदि बहुत से विधि-विधानों को छोड़ देते हैं। नाटक के प्रयोजन को प्रस्तावना या वृंदगान (कोरस) की शैली में व्यक्त करते हुए कथानक पर सीधे आ जाते हैं। उनके रंग-विधान तथा अभिनय-योजना में एक व्यावहारिक रंगकर्मी की-सी कुशलता मिलती है।

अंधेर नगरी की वस्तु और संरचना

आचार्य रामचंद्र शुक्ल ने 'हिंदी साहित्य का इतिहास' में भारतेंदु के संबंध में अपने विचार व्यक्त करते हुए कहा है—''हिंदी साहित्य अपने पुराने रास्ते पर ही पड़ा था। भारतेंदु ने उस साहित्य को दूसरी ओर मोड़कर हमारे जीवन के साथ फिर लगा दिया। इस प्रकार हमारे जीवन और

साहित्य के बीच जो विच्छेद बढ़ रहा था, उसे उन्होंने दूर किया।'' भारतेंदु को समझने की यह केंद्रीय दृष्टि है। यद्यपि भारतेंदु ने अपनी कुछ कविताओं में और 'चंद्रावली' नाटक में पारंपरिक लेखन भी किया है लेकिन उनकी अपनी पहचान उन रचनाओं से होती है जो देश और समाज की नई चिंताओं, प्रश्नों और अनुभवों से सर्जित हुई हैं। इन्हीं रचनाओं के द्वारा उन्होंने आधुनिक काल का प्रवर्तन किया, उस आधुनिक काल का—जिसे गद्यकाल भी कहते हैं और जिसकी प्रकृति यथार्थवादी है।

भारतेंदु ने देश और समाज की बाहरी और भीतरी समस्याओं से प्रेरित होकर अनेक ऐसी कविताएँ लिखीं जो पारंपरिक रसात्मक दृष्टि से कविताएँ नहीं कही जा सकतीं। इन कविताओं में लोक शैलियों का उपयोग करते हुए समाज और सत्ता की विसंगतियों पर तीखे व्यंग्य किए गए हैं। भारतेंदु सही अर्थों में आधुनिक गद्य-साहित्य के जन्मदाता कहे जा सकते है। उन्होंने देश और समाज के प्रश्नों से उद्वेलित होकर अनेक निबंध लिखे जिनमें कइयों के स्वर बड़े व्यंग्यात्मक हैं। किंतु भारतेंदु की सर्वाधिक देन नाटक के क्षेत्र में है। उन्होंने कई मौलिक नाटक लिखे। कुछ अन्य भाषाओं के नाटकों के अनुवाद भी किए। चंद्रावली को छोड़कर उनके सभी मौलिक नाटक अपने देश के दुर्दशा-बोध और उसके उत्थान की चिंता से सृजित हैं। इन नाटकों की कथा चाहे पुरानी हो या आज की, उनका स्वर आधुनिक है।

कहा जा चुका है कि व्यंग्य विधान भारतेंदु के लेखन की मूल प्रवृत्ति और शक्ति है। व्यंग्य उस समय की आवश्यकता भी रहा है इसलिए कि सत्ता की विसंगतियों को सीधे-सीधे उद्‌घाटित करने में खतरा अनुभव होता रहा है। व्यंग्य एक ऐसा माध्यम है जो परोक्ष रूप से अभिप्रेत लक्ष्य पर चोट करता रहता है। व्यंग्य की आवश्यकता तब भी बढ़ जाती है जब हमारे चारों ओर व्यंग्यात्मक स्थितियाँ दिखलाई पड़ती हैं। भारतेंदु के समय में इन दोनों ही दृष्टियों से व्यंग्य अपनी अपरिहार्यता सिद्ध

करता है। यही कारण है कि भारतेंदु ही नहीं बल्कि उनके समय के अन्य अनेक लेखक व्यंग्य शैली का उपयोग करते थे।

'अंधेर नगरी' एक प्रहसन है। इसलिए इसमें आद्योपांत व्यंग्य की मारक लीला चलती हुई दिखाई पड़ती है। प्रहसन अपने सामान्य रूप में लोगों को हँसाकर, उनका मनोरंजन कर अपना कार्य संपन्न कर सकता है। वहाँ व्यंग्य के स्थान पर हास्य की प्रधानता हो सकती है किंतु अपने गंभीर अर्थ में प्रहसन व्यंग्यात्मक होता है और उसके व्यंग्य सत्ता व्यवस्था और अन्य अनेक अपशक्तियों की विसंगतियों और क्रूरताओं पर गहरी चोट करता है। हमें हँसाते हुए भीतर-भीतर एक गहरे अर्थ से जोड़ता है। हमें सच्चाई के बोध से लैस कर संघर्ष के लिए प्रस्तुत करता है। 'अंधेर नगरी' इसी कोटि का प्रहसन है। यह छोटा-सा प्रहसन एक कल्पित राजकथा के माध्यम से अंग्रेजी-शासन की दुरव्यवस्था और न्याय के ढोंग का पर्दाफाश करता है। दुरव्यवस्था के छोटे-छोटे संदर्भों से गुजरती हुई कथा न्याय की विसंगति तक पहुँचती है। कथा बीच-बीच में अनेक तरह के माल बेचने वालों के संवादों और माल विज्ञापनों के जरिए व्यवस्था की कुरूपता के विविध आयामों को खोलती चलती है। इस प्रकार यह छोटी-सी कथा अपने लक्ष्य में तो अत्यंत मारक प्रभाव वाली है ही, अपनी व्याप्ति में अर्थ-संकुल भी है।

कथावस्तु–अंधेर नगरी की कथावस्तु छह दृश्यों में विभाजित है। **पहले दृश्य** में महंतजी अपने दो चेलों–गोबरधनदास और नारायणदास के साथ अंधेर नगरी की ओर आते हैं और उसके बाहर पड़ाव डालते हैं। **दूसरे दृश्य** में अंधेर नगरी के बाजार का चित्रण है। इस बाजार में कबाबवाला, घासीराम, नारंगीवाला, हलवाई, कुंजड़िन, चूरनवाला, मछलीवाला, बनिया आदि दिखाई पड़ते हैं। इन विभिन्न जातियों और व्यवसायों के लोगों के द्वारा लेखक अंधेर नगरी की सामाजिक और व्यावसायिक स्थितियों, जीवन पद्धतियों और बोलचाल आदि का विधान करता है। यानी थोड़े में इस नगरी की वास्तविक झाँकी प्रस्तुत हो जाती

है। लेकिन यह झाँकी इकहरी नहीं है। इनके माल विज्ञापनों और संवादों के जरिए अंधेर नगरी की शासन और न्याय व्यवस्था की कुरूपता भी व्यंजित होती चलती है। इससे बड़ी कुरूपता क्या हो सकती है कि यहाँ हर चीज टके सेर बिकती है–टके सेर भाजी, टके सेर ख़ाजा। यह मात्र एक स्थिति नहीं है बल्कि पूरी शासन व्यवस्था पर गहरी चोट है। यह कैसी शासन व्यवस्था है यहाँ सामान्य और विशिष्ट हीन और श्रेष्ठ मूल्यहीन और मूल्यवान में कोई अंतर ही नहीं है। दरअसल यह दृश्य अंधेर नगरी की अंध व्यवस्था को अपने भीतर से संकेतित करता है। **तीसरे दृश्य** में ज्ञान और अज्ञान की टकराहट दिखाई पड़ती है। गुरु महंत जी ने इस स्थिति से व्यवस्था के खतरनाक चेहरे को भाँप लिया। इसलिए तुरंत इस नगरी को छोड़ने का फैसला किया। इस नगरी में उनके दो चेलों में से एक यानी नारायणदास पूरब से प्रवेश करता है। दूसरा गोबरधनदास पश्चिम से प्रवेश करता है। यह प्रवेश प्रसंग भी बहुत सांकेतिक है। पूरब में प्रवेश करने वाला भारतीय चेतना का प्रतीक है और वह गुरु की बात समझ लेता है इसलिए उनके साथ चलने को प्रस्तुत हो जाता है लेकिन पश्चिम से प्रवेश करने वाला गोवर्धनदास पश्चिमी भोग-विलास की प्रवृत्ति से अभिभूत है। इसलिए वह अंधेर नगरी के मोहक माया जाल में फँस जाता है। और गुरु के साथ जाना स्वीकार नहीं करता। गुरु महंत जी की ज्ञान दृष्टि इस मूर्ख के अनिष्टशील भविष्य को समझ लेती है और महंत जी यह कहते हुए उसे छोड़कर चले जाते हैं कि विपत्ति पड़े तो मुझे याद कर लेना। **चौथे दृश्य** में राज्य सभा दिखाई गई है और इस दृश्य से कथा न्याय-व्यवस्था की विसंगति की ओर अग्रसर होती है। लगता है जैसे पिछले दृश्य वह आवश्यक भूमिका थे जिसके गर्भ से न्याय-व्यवस्था का यह कुरूप स्वरूप जन्म लेता है। इस दृश्य में एक फरियादी आता है जिसकी बकरी कल्लू बनिए की दीवार के नीचे दबकर मर गई होती है। कल्लू बनिया बुलाया जाता है। वह कहता है कि वह निरपराध है, कारीगर ने दीवार कमजोर बनाई

और दीवार ढह गई। फिर कारीगर बुलाया जाता है वह अपने को निरपराध बताता है और कहता है कि दोष चूने वाले का है। चूनेवाला बुलाया जाता है। वह सारा दोष भिश्ती पर डाल देता है इस प्रकार भिश्ती कसाई पर, कसाई गड़ेरिया पर, गड़ेरिया कोतवाल पर अपना दोष डाल देता है। और अंत में कोतवाल को फाँसी की सजा सुनाई जाती है।

पाँचवें दृश्य में गोबरधनदास की मौजमस्ती का चित्रण है। वह मिठाई खाता हुआ यहाँ की विसंगत व्यवस्था से उपजे हुए सुख का गान गा रहा होता है कि राजा के चार प्यादे आकर उसे पकड़ लेते हैं और उसे फाँसी के फंदे पर लटकाने के लिए ले जाते हैं। इसी दृश्य में यह ज्ञात होता है कि कोतवाल को फाँसी इसलिए नहीं दी जा सकी कि फंदा बड़ा है और उसकी गर्दन छोटी। इसलिए उस गोबरधनदास को दी जाएगी जो मिठाई खाने के कारण मोटा हो गया है। इस प्रकार इसकी मोटी गर्दन मोटे फंदे में आ जाएगी।

छठा दृश्य श्मशान का है। चार सिपाही गोबरधनदास को पकड़े हुए आते हैं और गोबरधनदास अपने गुरु को याद करता है। गुरुजी आते हैं। और अपनी बुद्धिमत्ता से अपने चेले को बचा लेते हैं। वे यह घोषणा करते हैं कि इस समय जो मृत्यु पाएगा वह सीधा स्वर्ग जाएगा। महंत की इस घोषणा से सत्ताधीशों में फाँसी चढ़ने की होड़ लग जाती है। लेकिन राजा तो राजा है। स्वर्ग जाने का पहला अधिकार तो उसी का है। और वह फाँसी चढ़ जाता है।

इस प्रकार भारतेंदु न केवल अंधेर नगरी के ज्ञानांध, राजा की अंधराज-व्यवस्था का व्यंग्यात्मक उद्घाटन करते हैं बल्कि उस राजा को फाँसी चढ़वाकर अन्याय और असत्य की समाप्ति का मूल्य बोध भी दीप्त करते हैं।

जहाँ तक कथानक संरचना का प्रश्न है भारतेंदु ने प्रहसन के कुछ शास्त्रीय नियमों का पालन किया है। और अधिकांश का नहीं किया

है। प्रहसन के सैद्धांतिक विवेचन में भारतेंदु का नए नाटक से मत उद्धृत किया है जिसमें उन्होंने कहा है कि आज पुराने भारतीय नाटकों की बहुत-सी चीजें हमारे लिए प्रासंगिक नहीं रहीं। चाहे विषय का चुनाव हो या चरित्रों का, आज का नाटककार कहीं भी पुरानी बंदिश को कहीं स्वीकार नहीं करता है। इसका कारण यह है कि नाटक का कथ्य और लक्ष्य बदल गया है। अंधेर नगरी में 'प्रहसन' की परिभाषा के अनुकूल केवल एक ही अंक रखा है किंतु चरित्र संबंधी कोई भी पारंपरिक मान्यता यहाँ लक्षित नहीं होती। यहाँ तो मूल उद्देश्य है अंधेर नगरी के माध्यम से अंग्रेजी सत्ता की शासन व्यवस्था और न्याय व्यवस्था की कुरूपता को उद्घाटित करना। इस उद्देश्य की पूर्ति के लिए आवश्यक पात्रों को लिया है। इनमें विभिन्न जातियों और पेशों के लोग हैं। दंड सूत्र से जुड़े तमाम लोग हैं, शासन के छोटे-बड़े कर्मचारी हैं और धर्म के ज्ञानी-अज्ञानी प्रतिनिधि हैं। इन सबकी पारस्परिकता से लेखक अंधेर नगरी के चरित्र को उजागर करता है। यह सच है कि यह कथा प्रहसन के अनुकूल काल्पनिक है, किंतु इसके माध्यम से हमारे समय की एक यथार्थ दुनिया रूपायित होती है।

इस नाटक का चरित्र विधान अपनी तरह का है। वास्तव में इसमें किसी केंद्रीय पात्र या नायक का विधान करना उद्देश्य नहीं था, उद्देश्य था अंधेर नगरी के चरित्र को उजागर करना इसलिए अंधेर नगरी के चरित्र को उजागर करने के लिए जिन-जिन पात्रों की आवश्यकता हुई है लेखक ने बहुत थोड़े-थोड़े में उनकी उपस्थिति दर्ज की है। यहाँ पारंपरिक पात्रों जैसा कोई पात्र नहीं है। ये सारे के सारे पात्र अपने-अपने व्यावसायिक चरित्र की छोटी-छोटी निजी ध्वनियाँ उभारकर कोरस की तरह एक साथ भी बजते रहते हैं और एक साथ बजकर उस नगरी की सामूहिक वास्तविकता के उद्घाटन के उपकरण बन जाते हैं।

संवाद–नाटक में संवाद का बहुत महत्त्व होता है क्योंकि कथावस्तु की निर्मिति और विकास संवाद के माध्यम से ही होता है। पात्रों की

मानसिकता का उद्घाटन भी प्रमुखतः संवादों के द्वारा ही होता है। इस छोटे से प्रहसन में अनेक पात्र आए हैं लेकिन उनके चरित्र का विकास करना यहाँ उद्देश्य नहीं है, वे थोड़ी-थोड़ी देर के लिए आते हैं और मूल कथ्य में अपना छोटा-सा योगदान देकर चले जाते हैं। कुछ पात्र तो वहाँ 'अंधेर नगरी' के बाजार की पहचान बनकर आते हैं और कुछ पात्र अंधी न्याय-व्यवस्था के उद्घाटन में सहायक उपकरण बनकर। बाजार की पहचान कराने वाले पात्र किसी से संवाद नहीं करते वे तो जैसे अपने सामने खड़े ग्राहकों की भीड़ को संबोधित करते हुए अपनी-अपनी वस्तुओं का विज्ञापन करते हैं। एक तरह से इसे हम मौन भीड़ के साथ संवाद कह सकते हैं। इस भीड़-संवाद में हर दुकानदार अपने-अपने पेशे और जातीय चरित्र के अनुरूप भाषा बोलता है। बहुत छोटे-छोटे वाक्य आते हैं। उस वस्तु और व्यापारी के अनुरूप शब्दों का प्रयोग होता चलता है। उनकी वस्तुएँ क्या-क्या प्रभाव डाल सकती हैं इसका एक काल्पनिक बखान चलता रहता है। कुंजड़िन, मुगल, कबाबवाला, पाचकवाला आदि विक्रेताओं के शब्द-प्रयोगों में थोड़ी-थोड़ी भिन्नता दिखाई पड़ती है। इन विक्रेताओं के वस्तु-विज्ञापनों में बड़े सहज ढंग से व्यवस्था पर चोट होती चलती है। सहज भाव इसलिए कहा गया कि जिन वस्तुओं के विज्ञापन में चोट की संभावना बनती है वहीं चोट की गई है। यानी घासीराम पाचकवाला, जातवाला के ही लटकों में यह व्यंग्य-विधान उभरता है। घासीराम 'चना जोर गरम' का बखान करता-करता कहता है—चना हाकिम सब जो खाते ! सब पर दूना टिकस लगाते। पाचकवाला तो अमले, महाजन, एडीटर, पुलिस सब पर व्यंग्य करता है। जातवाले ने जात-व्यवस्था पर चोट की है।

इस बाजार में गोबरधनदास और दुकानदारों का संवाद भी चलता है। और उस संवाद में केवल दो-दो शब्द आते हैं जैसे—

गोबरधनदास—जौ चावल

बनिया—टके सेर।

गोबरधनदास—और चीनी ?

बनिया—टके सेर।

इसी तरह गोबरधनदास का संवाद अन्य दुकानदारों से चलता है। संवादों की यह संक्षिप्ति बहुत स्वाभाविक एवं प्रभावशाली है। और यह संवाद 'अंधेर नगरी' की अंधी शासन व्यवस्था की ओर संकेत करते हैं जिसमें मूल्यहीन और मूल्यवान चीजें एक ही निगाह से देखी जाती हैं। और ये संवाद हमें आगे आने वाली अंधी न्याय-व्यवस्था की पहचान के लिए तैयार करते हैं।

नाटक का उत्तरार्ध पक्ष अंधी न्याय-व्यवस्था से संबंधित है। और इस कथा खंड में आते हैं—बकरी वाला, कल्लू बनिया, चूनेवाला, मशकवाला, कोतवाल, राजा, गोवर्धनदास आदि। ये पात्र आते हैं और अपने अनुसार छोटे-छोटे सहज संवाद बोलकर चले जाते हैं। वे संवाद कथा को अग्रसर करते हैं। भारतेंदु ने इस संवादों में पात्रों के स्तर और स्वभाव के अनुसार ही बोलचाल की भाषा का प्रयोग किया है। हाँ राजा की भाषा में एक कौशल का इस्तेमाल किया है, वह यह कि कहने वाला कहता है कुछ और राजा पहली बार सुनता है कुछ। इस कौशल से लेखक ने राजा की मूर्खता की ओर तो संकेत किया ही है, यह भी कहना चाहा है कि सत्ता ऊँचा सुनती है।

समग्रतः इस प्रहसन की भाषा और संवाद में बड़ी ही सहजता और जीवन्तता है। लेखक ने आवश्यकतानुसार तत्सम, तद्भव, देशज, उर्दू, अंग्रेजी शब्दों का प्रयोग करके भाषा को स्थिति और पात्रों के अनुकूल बनाए रखा है और संवादों में दिखाई पड़ने वाला लाघव कथा को बहुत क्षिप्रता और घनत्व प्रदान करता है।

—डॉ. स्मिता मिश्र

समर्पण

मान्य योग्य नहिं होत कोऊ कोरो पद पाए।
मान्य योग्य नर ते, जे केवल परहित जाए।।
जे स्वारथ-रत धूर्त्त हंस से काक-चरित-रत।
ते औरन हत वंचि[1] प्रभुहि नित होहिं समुन्नत।।
जदपि लोक की रीति यही पै अंत धर्म्म जय।
जौ नाहीं यह लोक तदपि छलियन अति जम भय।।
नर सरीर मैं रत्न वही जो परदुख साथी।
खात पियत अरु स्वसत स्वान मंडुक अरु भाथी[2]।।
तासों अब लौं करी, करी सों, पै अब जागिय।
गो श्रुति भारत देस समुन्नति में नित लागिय।।
सांच नाम निज करिय कपट तजि अंत बनाइए।
नृप तारक हरि-पद भजि साँच बढ़ाई पाइय।।

1. गुणगानकर।
2. धोंकनी।

छेदश्चंदनचूतचम्पकवने रक्षा करीरद्रुमेः
हिंसा हंसमयूरकोकिलकुले काकेषुलीलारतिः।
मातंगेन खरक्रयः समतुला कर्पूरकार्पासयोः
एषा यत्र विचारणा गुणिगणे देशाय तस्मैनमः।।

जो चंदन, आम तथा चंपा-वन को काटकर कीकर के वृक्ष की रक्षा करता है, जो हंस, मोर और कोयल के प्रति हिंसक होकर काक-लीला में रुचि लेता है, जो हाथी के बदले गधा खरीदता है और कपूर एवं कपास को (उनके श्वेत रंग के कारण) एक-सा मानता हैं (और) जहाँ के 'गुणीजन' ऐसे ही विचार रखते हों, उस देश को नमस्कार है।

पहला अंक

स्थान–बाह्य प्रांत

(महंतजी दो चेलों के साथ गाते हुए आते हैं)

सब :

राम भजो राम भजो राम भजो भाई।
राम के भजे से गनिका तर गई,
राम के भजे से गीध गति पाई।
राम के नाम से काम बनै सब,
राम के भजन बिनु सबहि नसाई[1]।
राम के नाम से दोनों नयन बिनु,
सूरदास भए कबिकुल-राई[2]।
राम के नाम से घास जंगल की,
तुलसीदास भए भजि रघुराई।

महंत :

बच्चा नारायणदास, यह नगर तो दूर से बड़ा सुंदर दिखाई पड़ता है ! देख, कुछ भिच्छा-उच्छा मिले तो ठाकुरजी को भोग लगै। और क्या।

---

1. नष्ट होना।
2. विभिन्न कवियों में श्रेष्ठ।

नारायणदास :

गुरुजी महाराज, नगर तो नारायण के आसरे से बहुत ही सुंदर है जो है सो, पर भिच्छा सुंदर मिलै तो बड़ा आनंद होय।

महंत :

बच्चा गोबरधनदास, तू पच्छिम की ओर से जा और नारायणदास पूरब की ओर जाएगा। देख, जो कुछ सीधा-सामग्री[1] मिले तो श्री शालग्रामजी का बालभोग सिद्ध हो।

गोबरधनदास :

गुरुजी, मैं बहुत सी भिच्छा लाता हूँ। यहाँ के लोग तो बड़े मालवर[2] दिखाई पड़ते हैं। आप कुछ चिंता मत कीजिए।

महंत :

बच्चा बहुत लोभ मत करना। देखना, हाँ—

लोभ पाप को मूल है, लोभ मिटावत मान।
लोभ कभी नहिं कीजिए, या मैं नरक निदान[3]।।

(गाते हुए सब जाते हैं)

---

1. खाद्य सामग्री।
2. धनवान।
3. अंत में।

दूसरा अंक

स्थान–बाजार

कबाबवाला :

कबाब गरमागरम मसालेदार–चौरासी मसाला बहत्तर आँच का–कबाब गरमागरम मसालेदार–खाय सो होंठ चाटै, न खाय सो जीभ काटै। कबाब लो, कबाब का ढेर–बेचा टके सेर।

घासीराम :

चने जोर गरम–
चने बनावै घासी राम।
जिनकी झोली में दूकान।।
चना चुरमुर चुरमुर बोलै।
बाबू खाने को मुँह खोलै।।
चना खावैं तौकी[1], मैना[1]।
बोलैं अच्छा बना चबैना।।
चना खायँ गफूरन[1], मुन्नी[1]।
बोलैं और नहीं कुछ सुन्ना।।
चना खाते सब बंगाली।

---

1. काशी की तत्कालीन प्रसिद्ध वेश्याएँ।

जिनकी धोती ढीली-ढाली।।
चना खाते मियाँ जुलाहे।
डाढ़ी हिलती गाह बगाहे।।
चना हाकिम सब जो खाते।
सब पर दूना टिकस लगाते।।
चने जोर गरम–टके सेर।

नरंगीवाली :

नरंगी ले नरंगी–सिलहट[1] की नरंगी, बुटबल[2] की नरंगी। रामबाग की नरंगी, आनंदबाग की नरंगी। भई नीबू से नरंगी। मैं तो पिय के रंग न रंगी। मैं तो भूली लेकर संगी। नरंगी ले नरंगी। कँवला नीबू[3], मीठा नीबू, रंगतरा[4], संगतरा[5]। दोनों हाथों लो–नहीं पीछे हाथ ही मलते रहोगे। नरंगी ले नरंगी, टके सेर नरंगी।

हलवाई :

जलेबियाँ गरमागरम। ले सेब इमरती लड्डू गुलाबजामुन खुरमा बुँदिया बरफी समोसा पेड़ा कचौड़ी दालमोट पकौड़ी घेवर गुपचुप। हलुआ ले हलुआ मोहनभोग। मोयनदार कचौड़ी कचाका[6] हलुआ नरम चभाका[7]। घी में गरक, चीनी में तरातर, चासनी में चभाचभ[8]। ले भूर का लड्डू। जो खाय सो भी पछताय, जो न खाय सो भी पछताय। रेवड़ी कड़ाका। पापड़ पड़ाका। ऐसी जात हलवाई जिसके छत्तिस कौम हैं भाई। जैसे कलकत्ते के विलसन मंदिर के भितरिए, वैसे अंधेर नगरी के हम। सब

---

1. बंगला देश का एक नगर।
2. नेपाल का एक कस्बा।
3. बड़ा और मीठा नीबू।
4-5. संतरा, मीठी नारंगी।
6. मुलायम।
7. तर।
8. तर किया हुआ।

सामान ताजा। खाजा ले खाजा। टके सेर खाजा।

कुँजड़िन :

ले धनिया मेथी-सोआ पालक चौराई बथुआ करेमू नोनियाँ कुलफा कसारी चना सरसों का साग। मरसा ले मरसा। ले बैगन लौआ कोंहड़ा आलू अरुई बण्डा नेनुआ सूरन रामतरोई मुरई। ले आदी मिरचा लहसुन पियाज टिकोरा। ले फालसा खिन्नी आम अमरूत निबुआ मटर हो रहा। जैसे काजी वैसे पाजी। रैयत राजी टके सेर भाजी। ले हिंदुस्तान का मेवा फूट और बैर।[1]

मुगल :

बादाम पिस्ते अखरोट अनार बिहीदाना[2] मुनक्का किशमिश अंजीर आबजोश[3] आलू बोखारा चिलगोजा सेब नाशपाती बिही सरदा[4] अंगूर का पीटारी। आमारा ऐसा मुल्क जिसमें अंग्रेज का भी दाँत कट्टा ओ गया। नाहक को रुपया खराब किया बेवकूफ बना। हिंदोस्तान का आदमी लक-लक[5] हमारे यहाँ का आदमी बुंबुक बुंबुक[6]। लो सब मेवा टके सेर।

पाचक वाला :

चूरन अमलबेद[7] का भारी।
जिसको खाते कृष्ण मुरारी।।
मेरा पाचक है पचलोना।
जिसको खाता श्याम सलोना।।
चूरन बना मसालेदार।
जिसमें खट्टे की बहार।।

---

1. शिलष्ट शब्द। फल विशेष–फूट और बेर। व्यंग्यार्थ–आपसी फूट और वैर भाव।
2. अमरूद जैसे एक फल के बीज।
3. मुनक्का।
4. खरबूजे की जाति का एक श्रेष्ठ फल।
5. दुबला-पतला।
6. बहादुर, बलवान।
7. एक खट्टा फल।

मेरा चूरन जो कोई खाय।
    मुझको छोड़ कहीं नहिं जाय।।
हिंदू चूरन इसका नाम।
    बिलायत पूरन इसका काम।।
चूरन जब से हिंद में आया।
    इसका धन बल सभी घटाया।।
चूरन ऐसा हट्टा-कट्टा।
    कीना दाँत सभी का खट्टा[1]।।
चूरन चला दाल की मंडी।
    इसको खाएँगी सब रंडी।।
चूरन अमले[2] सब जो खावैं।
    दूनी रिश्वत तुरत पचावैं।।
चूरन नाटक वाले खाते।
    इसकी नकल पचाकर लाते[3]।।
चूरन सभी महाजन खाते।
    जिससे जमा हजम कर जाते।।
चूरन खाते लाला लोग।
    जिसको अकिल अजीरन[4] रोग।।
चूरन खावैं एडिटर जात।
    जिनके पेट पचै नहिं बात।।
चूरन साहेब लोग जो खाता।
    सारा हिंद हजम कर जाता।।

---

1. मुहावरा : पराजित करने के अर्थ में।
2. कचहरी के कारिन्दे।
3. रिश्वत लेते कारिन्दों का अभिनय करते हैं।
4. अक्ल की अपच।

चूरन पुलिस वाले खाते।

सब कानून हजम कर जाते।।

ले चूरन का ढेर, बेचा टके सेर।

मछली वाली :

मछरी ले मछरी।

मछरिया एक टके कै बिकाय।

लाख टका कै वाला[1] जोबन, गाहक सब ललचाय।।

नैन-मछरिया रूप-जाल में, देखत ही फँसि जाय।।

बिनु पानी मछरी सो बिरहिया, मिलै बिना अकुलाय।।

जातवाला (ब्राह्मण) :

जात लें जात, टके सेर जात। एक टका दो, हम अभी अपनी जात बेचते हैं। टके के वास्ते ब्राह्मण से धोबी हो जायँ और धोबी को ब्राह्मण कर दें, टके के वास्ते जैसी कहो वैसी व्यवस्था दें। टके के वास्ते झूठ को सच करें। टके के वास्ते ब्राह्मण से मुसलमान, टके के वास्ते हिंदू से क्रिस्तान। टके के वास्ते धर्म्म और प्रतिष्ठा दोनों बेचें, टके के वास्ते झूठी गवाही दें। टके के वास्ते पाप को पुण्य मानें, टके के वास्ते नीच को भी पितामह बनावें। वेद धर्म्म कुल-मरजादा सचाई-बड़ाई सब टके सेर। लुटाय दिया अनमोल माल। ले टके सेर।

बनिया :

आटा, दाल, लकड़ी, नमक, घी, चीनी, मसाला, चावल ले टके सेर।

(बाबाजी का चेला गोबरधनदास आता है और सब बेचने वालों की आवाज सुन-सुनकर खाने के आनंद में बड़ा प्रसन्न होता है।)

गोबरधनदास :

क्यों भाई बनिए, आटा कितने सेर ?

1. कुँवारा।

बनिया :

टके सेर।

गोबरधनदास :

और चावल ?

बनिया :

टके सेर।

गोबरधनदास :

और चीनी ?

बनिया :

टके सेर।

गोबरधनदास :

औ घी ?

बनिया :

टके सेर।

गोबरधनदास :

सब टके सेर ! सचमुच।

बनिया :

हाँ महाराज, क्या झूठ बोलूँगा ?

गोबरधनदास :

(कुँजड़िन के पास जाकर) क्यों माई, भाजी क्या भाव ?

कुँजड़िन :

बाबाजी, टके सेर। निनुआ, मुरई, धनियाँ, मिरचा, साग, सब टके सेर।

गोबरधनदास :

सब भाजी टके सेर ! वाह-वाह ! बड़ा आनंद है। यहाँ सभी चीज़ टके सेर। *(हलवाई के पास जाकर)* क्यों भाई हलवाई ! मिठाई कितने सेर ?

हलवाई :

बाबाजी ! लडुआ, जलेबी, गुलाबजामुन, खाजा सब टके सेर।

गोबरधनदास :

वाह ! वाह ! ! बड़ा आनंद है। क्यों बच्चा, मुझसे मसखरी तो नहीं करता ? सचमुच सब टके सेर ?

हलवाई :

हाँ बाबाजी, सचमुच सब टके सेर। इस नगरी की चाल[1] ही यही है। यहाँ सब चीज टके सेर बिकती है।

गोबरधनदास :

क्यों बच्चा ! इस नगरी का नाम क्या है ?

हलवाई :

अंधेर नगरी।

गोबरधनदास :

और राजा का क्या नाम है ?

हलवाई :

चौपट्ट राजा।

गोबरधनदास :

वाह ! वाह ! अंधेर नगरी चौपट्ट राजा, टका सेर भाजी टका सेर खाजा।
(यही गाता है और आनंद से बगल बजाता है।)

हलवाई :

तो बाबाजी, कुछ लेना-देना हो तो लो-दो।

गोबरधनदास :

बच्चा, भिक्षा माँगकर सात पैसे लाया हूँ, साढ़े तीन सेर मिठाई दे दे, गुरुचेले सब आनंदपूर्वक इतने में छक जाएँगे।

(हलवाई मिठाई तौलता है—बाबाजी मिठाई लेकर खाते हुए और अंधेर नगरी गाते हुए जाते हैं)

(यवनिका गिरती है)

---

1. चलन, परंपरा।

तीसरा अंक

स्थान–जंगल

(महंतजी और नारायणदास एक ओर से 'राम भजो' इत्यादि गाते हुए आते हैं और दूसरी ओर से गोबरधनदास 'अंधेर नगरी' गाते हुए आते हैं)

महंत :

बच्चा गोबरधनदास ! कह, क्या भिक्षा लाया ? गठरी तो भारी मालूम पड़ती है।

गोबरधनदास :

बाबाजी महाराज ! बड़े माल लाया हूँ, साढ़े तीन सेर मिठाई है।

महंत :

देखूँ बच्चा ! *(मिठाई की झोली अपने सामने रखकर खोलकर देखता है)* वाह ! वाह ! बच्चा ! इतनी मिठाई कहाँ से लाया ? किस धर्मात्मा से भेंट हुई ?

गोबरधनदास :

गुरुजी महाराज ! सात पैसे भीख में मिले थे, उसी से इतनी मिठाई मोल ली है।

महंत :

बच्चा ! नारायणदास ने मुझसे कहा था कि यहाँ सब चीज टके सेर

मिलती है, तो मैंने इसकी बात का विश्वास नहीं किया। बच्चा, यह कौन-सी नगरी है और इसका कौन राजा है, जहाँ टके सेर भाजी और टके सेर ही खाजा है ?

गोबरधनदास :

अंधेर नगरी चौपट्ट राजा, टके सेर भाजी टके सेर खाजा।

महंत :

तो बच्चा ! ऐसी नगरी में रहना उचित नहीं है, जहाँ टके सेर भाजी और टके ही सेर खाजा हो।

दोहा

सेत सेत[1] सब एक से, जहाँ कपूर कपास।
ऐसे देस कुदेस में, कबहुँ न कीजै बास।।
कोकिल बायस[2] एक सम, पंडित मूरख एक।
इन्द्रायन[3] दाड़िम[4] विषय, जहाँ न नेकु बिवेक।।
बसिए ऐसे देस नहिं, कनक-वृष्टि[5] जो होय।
रहिए तो दुख पाइए, प्रान दीजिए रोय।।

सो बच्चा चलो यहाँ से। ऐसी अंधेर नगरी में हजार मन मिठाई मुफ्त की मिले तो किस काम की ? यहाँ एक छन नहीं रहना।

गोबरधनदास :

गुरुजी, ऐसा तो संसार-भर में कोई देस ही नहीं है। दो पैसा पास रहने ही से मजे में पेट भरता है। मैं तो इस नगरी को छोड़कर नहीं जाऊँगा। और जगह दिन-भर माँगो तो भी पेट नहीं भरता। वरंच बाजे-बाजे[6] दिन उपास करना पड़ता है। सो मैं तो यहीं रहूँगा।

---

1. श्वेत (रंगवाली चीजें)।
2. कौआ।
3. लाल रंग का एक सुंदर, लेकिन कड़ुआ फल।
4. अनार।
5. सोने की वर्षा, अर्थात चाहे जितना धन मिले।
6. किसी-किसी।

महंत :

देख बच्चा, पीछे पछताएगा।

गोबरधनदास :

आपकी कृपा से कोई दुख न होगा; मैं तो यही कहता हूँ कि आप भी यहीं रहिए।

महंत :

मैं तो इस नगरी में अब एक क्षण भी नहीं रहूँगा। देख मेरी बात मान, नहीं पीछे पछताएगा। मैं तो जाता हूँ। पर इतना कहे जाता हूँ किं कभी संकट पड़े तो हमारा स्मरण करना।

गोबरधनदास :

प्रणाम गुरुजी, मैं आपका नित्य ही स्मरण करूँगा। मैं तो फिर भी कहता हूँ कि आप भी यहीं रहिए।

(महंतजी नारायणदास के साथ जाते हैं, गोबरधनदास बैठकर मिठाई खाता है।)

(यवनिका गिरती है)

चौथा अंक

स्थान–राजसभा

(राजा, मंत्री और नौकर लोग यथास्थान स्थित हैं)

एक सेवक :
(चिल्लाकर) पान खाइए, महाराज।

राजा :
(पीनक[1] से, चौंक के घबड़ाकर उठता है) क्या कहा ? सुपनखा आई ए महाराज। *(भागता है)*

मंत्री :
(राजा का हाथ पकड़कर) नहीं-नहीं यह कहता है कि पान खाइए महाराज।

राजा :
दुष्ट, लुच्चा, पाजी। नाहक[2] हमको डरा दिया। मंत्री, इसको सौ कोड़े लगें।

---

1. पिनक, हल्का नशा।
2. अकारण।

मंत्री :

महाराज ! इसका क्या दोष है ? न तो तमोली पान लगाकर देता, न यह पुकारता।

राजा :

अच्छा, तमोली को दो सौ कोड़े लगें।

मंत्री :

पर महाराज, आप पान खाइए सुनकर थोड़े ही डरे हैं, आप तो सुपनखा के नाम से डरे हैं, सुपनखा की सजा हो।

राजा :

(घबड़ाकर) फिर वही नाम ? मंत्री तुम बड़े खराब आदमी हो। हम रानी से कह देंगे कि मंत्री बेर-बेर[1] तुमको सौत बुलाने चाहता है। नौकर ! नौकर ! शराब—

दूसरा नौकर :

(एक सुराही में से एक गिलास में शराब उलझकर देता है) लीजिए महाराज। पीजिए महाराज।

राजा :

(मुँह बना-बनाकर पीता है) और दे।

(नेपथ्य में—'दुहाई है दुहाई' का शब्द होता है)

कौन चिल्लाता है—पकड़ लाओ।

(दो नौकर एक फर्यादी को पकड़ लाते हैं)

फर्यादी :

दोहाई है महाराज दोहाई है। हमारा न्याव होय।

राजा :

चुप रहो। तुम्हारा न्याव यहाँ ऐसा होगा कि जैसा जम[2] के यहाँ भी

1. बार-बार।

2. यमराज।

न होगा।—बोलो क्या हुआ ?

फर्यादी :

महाराज ! कल्लू बनिया की दीवार गिर पड़ी सो मेरी बकरी उसके नीचे दब गई। दोहाई है महाराज, न्याव हो।

राजा :

(नौकर से) कल्लू बनिए की दीवार को अभी पकड़ लाओ।

मंत्री :

महाराज, दीवार नहीं लाई जा सकती।

राजा :

अच्छा, उसका भाई, लड़का, दोस्त, आशना[1] जो हो उसको पकड़ लाओ।

मंत्री :

महाराज ! दीवार ईंट-चूने की होती है, उसको भाई-बेटा नहीं होता।

राजा :

अच्छा, कल्लू बनिए को पकड़ लाओ। *(नौकर लोग दौड़कर बाहर से बनिए को पकड़ लाते हैं)* क्यों बे बनिए ! इसकी लरकी, नहीं बरकी, क्यों दबकर मर गई ?

मंत्री :

बरकी नहीं महाराज, बकरी।

राजा :

हाँ-हाँ, बकरी क्यों मर गई—बोल, नहीं अभी फाँसी देता हूँ।

कल्लू :

महाराज ! मेरा कुछ दोष नहीं। कारीगर ने ऐसी दीवार बनाई कि गिर पड़ी।

राजा :

अच्छा इस कल्लू को छोड़ दो, कारीगर को पकड़ लाओ। *(कल्लू जाता*

---

1. संबंधी।

है, लोग कारीगर को पकड़कर लाते हैं) क्यों बे कारीगर ! इसकी बकरी किस तरह मर गई ?

कारीगर :

महाराज, मेरा कुछ कसूर नहीं, चूनेवाले ने ऐसा बोदा[1] चूना बनाया कि दीवार गिर पड़ी।

राजा :

अच्छा, इस कारीगर को बुलाओ, नहीं-नहीं निकालो, उस चूनेवाले को बुलाओ। *(कारीगर निकाला जाता है, चूनेवाला पकड़कर लाया जाता है)* क्यों बे खैर-सोपाड़ी-चूनेवाले ! इसकी कुबरी कैसे मर गई ?

चूनेवाला :

महाराज ! मेरा कुछ दोष नहीं, भिश्ती ने चूने में पानी ढेर दे दिया, इसी से चूना कमजोर हो गया होगा।

राजा :

अच्छा, चुन्नीलाल को निकालो, भिश्ती को पकड़ो। *(चूनेवाला निकाला जाता है, भिश्ती लाया जाता है)* क्यों बे भिश्ती ! गंगा-जमुना की किश्ती ! इतना पानी क्यों दिया कि इसकी बकरी गिर पड़ी और दीवार दब गई ?

भिश्ती :

महाराज ! गुलाम का कोई कसूर नहीं, कस्साई ने मशक इतनी बड़ी बनाई कि उसमें पानी जादे आ गया।

राजा :

अच्छा, कसाई को लाओ, भिश्ती निकालो।

(लोग भिश्ती को निकालते हैं, कसाई को लाते हैं) क्यों बे कस्साई, मशक ऐसी क्यों बनाई कि दीवार लगाई बकरी दबाई ?

कस्साई :

महाराज ! गँड़ेरिया[2] ने टके पर ऐसी बड़ी भेड़ मेरे हाथ बेची कि उसकी

---

1. घटिया, बेजान।
2. गड़रिया एक जाति। यहाँ व्यंग्यार्थ—मोटा गड़रिया।

मशक बड़ी बन गई।

राजा :

अच्छा कसाई को निकालो, गँड़ेरिए को लाओ !

(कसाई निकाला जाता है, गँड़ेरिया आता है) क्यों-बे ऊख पौंड़े के गँड़ेरिए ऐसी बड़ी भेड़ क्यों बेचा कि बकरी मर गई ?

गँड़ेरिया :

महाराज ! उधर से कोतवाल साहब की सवारी आ गई, सो उसके देखने में मैंने छोटी-बड़ी भेड़ का ख्याल नहीं किया, मेरा कुछ कसूर नहीं।

राजा :

अच्छा, इसको निकालो, कोतवाल को अभी सरबमुहर[1] पकड़ लाओ। *(गँड़ेरिया निकाला जाता है, कोतवाल पकड़ा जाता है)* क्यों बे कोतवाल ! तैंने सवारी ऐसी धूम से क्यों निकाली कि गँड़ेरिए ने घबड़ाकर बड़ी भेड़ बेची, जिससे बकरी गिरकर कल्लू बनिया दब गया ?

कोतवाल :

महाराज महाराज ! मैंने तो कोई कसूर नहीं किया, मैं तो शहर के इंतजाम के वास्ते जाता था।

मंत्री :

(आप ही आप) यह तो बड़ा गजब हुआ, ऐसा न हो कि यह बेवकूफ इस बात पर सारे नगर को फूँक दे या फाँसी दे दे। *(कोतवाल से)* यह नहीं, तुमने ऐसे धूम से सवारी क्यों निकाला ?

राजा :

हाँ-हाँ, यह नहीं, तुमने ऐसे धूम से सवारी क्यों निकाला कि उसकी बकरी दबी ?

कोतवाल :

महाराज महाराज–

---

1. तुरंत।

राजा :

कुछ नहीं, महाराज महाराज, ले जाओ, कोतवाल को अभी फाँसी दो। दरबार बरखास्त।

(लोग एक तरफ कोतवाल को पकड़कर ले जाते हैं, दूसरी ओर से मंत्री को पकड़कर राजा जाते हैं)

(यवनिका गिरती है)

पाँचवाँ अंक

स्थान–अरण्य

(गोबरधनदास गाते हुए आते हैं)

(राग काफी)

अंधेर नगरी अनबूझ राजा।
टका सेर भाजी टका सेर खाजा।।
नीच ऊँच सब एकहि ऐसे।
जैसे भँडुए पंडित तैसे।।
कुल-मरजाद न मान बड़ाई।
सबै एक से लोग-लुगाई।।
जात-पाँत पूछै नहिं कोई।
हरि को भजै सो हरि का होई।।
वेश्या जोरू एक समाना।
बकरी गऊ एक करि जाना।।
साँचे मारे मारे डोलैं।
छली दुष्ट सिर चढ़ि चढ़ि बोलैं।।
प्रगट सभ्य अंतर छलधारी।
सोई राजसभा बल भारी।।
साँच कहैं ते पनही[1] खावैं।
झूठे बहु विधि पदबी पावैं।।

---

1. जूता।

छलियन के एका के आगे।
लाख कहौ एकहु नहिं लागे।।
भीतर होइ मलिन[1] की कारो।
चहिए बाहर रंग चटकारो।।
धर्म अधर्म एक दरसाई।
राजा करे सो न्याव सदाई।।
भीतर स्वाहा बाहर सादे[2]।
राज करहिं अगले अरु प्यादे।।
अंधाधुंध मच्यौ सब देसा।
मानहुँ राजा रहत विदेसा।।
गो द्विज श्रुति आदर नहिं होई।
मानहुँ नृपति विधर्मी कोई।।
ऊँच नीच सब एकहिं सारा।
मानहुँ ब्रह्म-ज्ञान बिस्तारा[3]।।
अंधेर नगरी अनबूझ राजा।
टका सेर भाजी टका सेर खाजा।।

(बैठकर मिठाई खाता है।)

—गुरुजी ने हमको नाहक यहाँ रहने को मना किया था। माना कि देस बहुत बुरा है, पर अपना क्या ? अपने किसी राजकाज में थोड़े हैं कि कुछ डर है, रोज मिठाई चाभना[4], मजे में आनंद से रामभजन करना।

(मिठाई खाता है। चार प्यादे चार ओर से आकर उसको पकड़ लेते हैं)

पहला प्यादा :

चल बे चल, बहुत मिठाई खाकर मुटाया है। आज पूरी हो गई।

---

1. मैला।
2. भीतर से काले, ऊपर से निर्मल। धूर्त्त, कपटी।
3. जैसे ब्रह्म-ज्ञानी हों, जो ऊँच-नीच को समान भाव से देखते हैं। (व्यंग्य भाव है।)
4. छककर खाना।

दूसरा प्यादा :

बाबाजी चलिए, नमोनारायन कीजिए।

गोबरधनदास :

(घबड़ाकर) हैं ! यह आफत कहाँ से आई ! अरे भाई, मैंने तुम्हारा क्या बिगाड़ा है जो मुझको पकड़ते हो ?

पहला प्यादा :

आपने बिगाड़ा है या बनाया है इससे क्या मतलब, अब चलिए। फाँसी चढ़िए।

गोबरधनदास :

फाँसी ! अरे बाप रे बाप फाँसी ! मैंने किसकी जमा[1] लूटी है कि मुझको फाँसी ! मैंने किसके प्राण मारे कि मुझको फाँसी !

दूसरा प्यादा :

आप बड़े मोटे हैं, इस वास्ते फाँसी होती है।

गोबरधनदास :

मोटे होने से फाँसी ? यह कहाँ का न्याय है ! अरे, हँसी फकीरों से नहीं करनी होती।

पहला प्यादा :

जब सूली चढ़ लीजिएगा तब मालूम होगा कि हँसी है कि सच। सीधी राह से चलते हो कि घसीटकर ले चलें ?

गोबरधनदास :

अरे बाबा, क्यों बेकसूर का प्राण मारते हो ? भगवान के यहाँ क्या जवाब दोगे ?

पहला प्यादा :

भगवान को जवाब राजा देगा। हमको क्या मतलब। हम तो हुक्मी बंदे[1] हैं।

गोबरधनदास :

तब भी बाबा बात क्या है कि हम फकीर आदमी को नाहक फाँसी देते हो ?

---

1. कोष, खजाना।

पहला प्यादा :

बात यह है कि कल कोतवाल को फाँसी का हुक्म हुआ था। जब फाँसी देने को उसको ले गए, तो फाँसी का फंदा बड़ा हुआ, क्योंकि कोतवाल साहब दुबले हैं। हम लोगों ने महाराज से अर्ज किया इस पर हुकुम हुआ कि एक मोटा आदमी पकड़कर फाँसी दे दो, क्योंकि बकरी मारने के अपराध में किसी न किसी को सजा होनी ज़रूर है, नहीं तो न्याव न होगा। इसी वास्ते तुमको ले जाते हैं कि कोतवाल के बदले तुमको फाँसी दें।

गोबरधनदास :

तो क्या और कोई मोटा आदमी इस नगर भर में नहीं मिलता जो मुझ अनाथ फकीर को फाँसी देते हैं ?

पहला प्यादा :

इसमें दो बात है—एक तो नगर भर में राजा के न्याव के डर से कोई मुटाता ही नहीं, दूसरे और किसी को पकड़ें तो वह न-जाने क्या बात बनावे कि हमीं लोगों के सिर कहीं न घहराय[2] और फिर इस राज में साधू-महात्मा इन्हीं लोगों की तो दुर्दशा है, इससे तुम्हीं को फाँसी देंगे।

गोबरधनदास :

दुहाई परमेश्वर की, अरे मैं नाहक मारा जाता हूँ। अरे यहाँ बड़ा ही अंधेर है, अरे गुरुजी महाराज का कहा मैंने न माना उसका फल मुझको भोगना पड़ा। गुरुजी कहाँ हो ! आओ, मेरे प्राण बचाओ, अरे मैं बेअपराध मारा जाता हूँ। गुरुजी गुरुजी—

(गोबरधनदास चिल्लाता है, प्यादे उसको पकड़कर ले जाते हैं)

(यवनिका गिरती है)

---

1. हुक्म बजानेवाले।
2. सिर न आ पड़े।

छठा अंक

स्थान–श्मशान

(गोबरधनदास को पकड़े हुए चार सिपाहियों का प्रवेश)

गोबरधनदास :
हाय बाप रे ! मुझे बेकसूर ही फाँसी देते हैं। अरे भाइयो, कुछ तो धरम विचारो ! अरे मुझ गरीब को फाँसी देकर तुम लोगों को क्या लाभ होगा ? अरे मुझे छोड़ दो। हाय ! हाय ! *(रोता है और छुड़ाने का यत्न करता है)*

पहला सिपाही :
अबे, चुप रह–राजा का हुक्म भला कहीं टल सकता है ? यह तेरा आखरी दम है, राम का नाम ले–बेफाइदा क्यों शोर करता है ? चुप रह–

गोबरधनदास :
हाय ! मैंने गुरुजी का कहना न माना, उसी का यह फल है। गुरुजी ने कहा था कि ऐसे नगर में न रहना चाहिए, यह मैंने न सुना ! अरे ! इस नगर का नाम ही अंधेर नगरी और राजा का नाम चौपट्ट है, तब बचने की कौन आशा है। अरे ! इस नगरी में ऐसा कोई धर्मात्मा नहीं है जो इस फकीर को बचावे। गुरुजी कहाँ हो ? बचाओ-बचाओ-गुरुजी-गुरुजी–

(रोता है, सिपाही लोग उसे घसीटते हुए ले चलते हैं। गुरुजी और नारायणदास आते हैं)

गुरु :

अरे बच्चा गोबरधनदास ! तेरी यह क्या दशा है ?

गोबरधनदास :

(गुरु को हाथ जोड़कर) गुरुजी ! दीवार के नीचे बकरी दब गई, सो इसके लिए मुझे फाँसी देते हैं, गुरुजी बचाओ।

गुरु :

अरे बच्चा ! मैंने तो पहिले ही कहा था कि ऐसे नगर में रहना ठीक नहीं; तैंने मेरा कहना नहीं सुना।

गोबरधनदास :

मैंने आपका कहा नहीं माना, उसी का यह फल मिला। आपके सिवा अब ऐसा कोई नहीं है जो रक्षा करे। आप ही का हूँ, आपके सिवा और कोई नहीं। *(पैर पकड़कर रोता है)*

गुरु :

कोई चिंता नहीं, नारायण सब समर्थ हैं। *(भौं चढ़ाकर सिपाहियों से)* सुनो, मुझको अपने शिष्य को अंतिम उपदेश देने दो, तुम लोग तनिक किनारे हो जाओ, देखो मेरा कहना न मानोगे तो तुम्हारा भला न होगा।

सिपाही :

नहीं महाराज, हम लोग हट जाते हैं। आप बेशक उपदेश कीजिए।

(सिपाही हट जाते हैं। गुरुजी चेले के कान में कुछ समझाते हैं)

गोबरधनदास :

(प्रगट) तब तो गुरुजी हम फाँसी चढ़ेंगे।

गुरु :

नहीं बच्चा, मुझको चढ़ने दे।

गोबरधनदास :

नहीं गुरुजी, हम फाँसी पड़ेंगे।

गुरु :

नहीं बच्चा हम। इतना समझाया नहीं मानता, हम बूढ़े भये, हमको जाने दे।

गोबरधनदास :

स्वर्ग जाने में बूढ़ा जवान क्या ? आप तो सिद्ध हो आपको गति-अगति से क्या ? मैं फाँसी चढ़ूँगा।

(इसी प्रकार दोनों हुज्जत करते हैं। सिपाही लोग परस्पर चकित होते हैं)

पहला सिपाही :

भाई ! यह क्या माजरा है, कुछ समझ नहीं पड़ता।

दूसरा सिपाही :

हम भी नहीं समझ सकते कि यह कैसा गबड़ा[1] है।

(राजा, मंत्री, कोतवाल आते हैं)

राजा :

यह क्या गोलमाल है ?

पहला सिपाही :

महाराज ! चेला कहता है मैं फाँसी पड़ूँगा, गुरु कहता है, मैं पड़ूँगा; कुछ मालूम नहीं पड़ता कि क्या बात है।

राजा :

(गुरु से) बाबाजी ! बोलो। काहे को आप फाँसी चढ़ते हैं ?

गुरु :

राजा ! इस समय ऐसी साइत है कि जो मरेगा, सीधा बैकुण्ठ जाएगा।

मंत्री :

तब तो हमीं फाँसी चढ़ेंगे।

गोबरधनदास :

हम हम। हमको तो हुकुम है।

---

1. धुन्ध। (यहाँ आशय अस्पष्ट बात से है)।

कोतवाल :

हम लटकेंगे। हमारे सबब तो दीवार गिरी।

राजा :

चुप रहो, सब लोग। राजा के आछत[1] और कौन बैकुण्ठ जा सकता है। हमको फाँसी चढ़ाओ जल्दी, जल्दी।

गुरु :

जहाँ न धर्म न बुद्धि नहिं नीति न सुजन समाज।
ते ऐसहि आपुहि[2] नसैं, जैसे चौपट राज।।

(राजा को लोग टिकठी[3] पर खड़ा करते हैं)

(पटाक्षेप)

---

1. जीवित रहते।
2. अपने आप, स्वयं।
3. फाँसी के लिए लगाया गया तख्ता।